广州大学外国语学院博士文丛

TUO DUO LUO FU DUI HUA SI XIANG YAN JIU
# 托多罗夫对话思想研究

邹琰 ◎ 著

世界图书出版公司
广州·上海·西安·北京

图书在版编目（CIP）数据

托多罗夫对话思想研究/邹琰著. —广州：世界图书出版广东有限公司，2018.4
ISBN 978-7-5192-4525-2

Ⅰ．①托… Ⅱ．①邹… Ⅲ．①托多罗夫（Todorov, Tzvetan 1939-2017）—思想评论 Ⅳ．①B565.59

中国版本图书馆 CIP 数据核字（2018）第 061832 号

---

| 书　　名 | 托多罗夫对话思想研究 |
|---|---|
| | (TUODUOLUOFU DUIHUA SIXIANG YANJIU) |
| 著　　者 | 邹　琰 |
| 责任编辑 | 程　静 |
| 装帧设计 | 苏　婷 |
| 责任技编 | 刘上锦 |
| 出版发行 | 世界图书出版广东有限公司 |
| 地　　址 | 广州市海珠区新港西路大江冲25号 |
| 邮　　编 | 510300 |
| 电　　话 | 020-84451969　84453623　84184026　84459579 |
| 网　　址 | http://www.gdst.com.cn/ |
| 邮　　箱 | wpc_gdst@163.com |
| 经　　销 | 各地新华书店 |
| 印　　刷 | 广州市德佳彩色印刷有限公司 |
| 开　　本 | 787 mm×1 092 mm　1/16 |
| 印　　张 | 11.25 |
| 字　　数 | 200千字 |
| 版　　次 | 2018年7月第1版　2018年7月第1次印刷 |
| 国际书号 | ISBN 978-7-5192-4525-2 |
| 定　　价 | 42.00元 |

版权所有　侵权必究

咨询、投稿：020－84451258　　gdstchj@126.com

# 序

终于要将博士论文出版，不是不忐忑的。从做完论文至今，已经七年过去了，这中间，我一直忙于各种行政事务，几乎没有好好地再翻开过。虽然也在断断续续地做一些和托多罗夫相关的翻译和写作，可是对于博士论文相关的论题，几乎都搁置了。李欧梵曾经写过一篇《刺猬和狐狸》的文章，说做学问有两种做法：一种是像刺猬打洞，只打一个洞，打得比较深，比较专一，即做学问时对自己的研究题目专注到底，不会偏离；另一种是像狐狸打洞，会打很多个洞，可是每个洞比较浅，即做学问时兴趣比较广泛。我曾经引以为知音，沾沾自喜于自己就是后者，对很多论题都很有兴趣，却都只有五分钟热度，浅尝辄止。对于托多罗夫的研究，也正如此，私心里以为博士论文的题目已经研究到自己的瓶颈了，应该从别的方向突破。用这样的心理麻痹自己，认为自己不是不修改博士论文，而是从其他方面迂回地去研究。

也许我的这种趣味，和托多罗夫本人的学术思想正相吻合。作为一个思想家，托多罗夫的学术生涯长达半个世纪，而在这半个世纪当中他的研究范围涉及文学、伦理学、政治学、历史学、文化学、人类学乃至艺术史，可以说，在人文科学领域，就没有他没有涉及过的；他的思想几经变化，曾经熟悉的面孔变得陌生，甚至变得让人认不出来，会令人发出"这还是我们曾经认识的那个托多罗夫吗"这种感叹；他的书一本一本地出版，即使在他生命的最后阶段，他仍笔耕不辍，常常令研究他的人望书兴叹。我还在研究他的这部著作，他的又一部新作已经出炉。跨度这么大，范围那么广，想要像刺猬一样用一个洞一以贯之的话，就目前我的学识，几乎是不可能的，我只能像狐狸一样多打几个洞，试着把每个洞联系起来，这样回首来时路时，能看到洞与洞之间的联系，也算足慰平生。

《托多罗夫对话思想研究》（博士论文原题为《对话人：托多罗夫思想研究》）就是我曾经打的一个洞的证明吧。无论是当时，还是现在，这个洞的缺陷都是显而易见的，比如有的章节比较薄弱，论证不够深入，分析不够全面。不是不想弥补的，只是在弥补的过程中，却发现走向了另一个出口，走出来的时候发现已经不是原来那个洞口。在经过左思右想之后，我决定保持原来的洞的样子，至于弥补，留待我新打的洞吧。

　　所以，我仍然厚颜坚持将它付诸出版，尽管我知道，在这几年当中，国内对于托多罗夫的研究有了很大进步，华东师范大学出版社、北京大学出版社相继出版了多部托多罗夫的近作，这些书在我做博士论文的时候，只有法文原版书，现在都已经有了中文译本，大大地促进了国内学者对这个思想家的研究。译文出新，研究也推新，我的著作或许终将是众多研究中被抛弃的一个。可是这又如何呢？托多罗夫本身就是一个不断抛弃旧我迎接新我的思想家，我作为一个他的研究者，本书作为一个研究他的文本，也当如是！

　　本书的出版得到广东省哲学社会科学"十三五"规划基金资助，在此一并感谢。

邹　琰<br>
2018 年 6 月于广州大学

# 摘 要

对话是一个具有丰富内涵的术语，围绕着这一术语，形成了关于对话的各种思想和理论。关于对话的探讨都集中在话语要素、人的要素，以及异质话语/人之间的关系要素这三方面的探讨。话语和人本质上都是对话性的，对话范式是理解文学、理解社会、理解自我的必由之路。托多罗夫是一个具有双重属性的人，其"他性"使得对话是其存在的重要方式。他在其学术生涯中不断地践行着对话，并在对话中发展自己的思想。

托多罗夫在与俄国形式主义进行接受的对话时，受到后者文学的科学化思想的影响，于是他试图用语言科学对文学进行研究。在科学主义的前提下，他将文学作品客体化的同时，将文学理论普遍化。他用语言观来建构普遍诗学，用句子的语法去归纳演绎叙事作品的语法，从话语理论去探讨体裁理论。之后托多罗夫试图从思想史上来寻求文学话语的生产和接受。通过对过往理论家的对话解读，托多罗夫梳理了关于象征和阐释的历史，总结了历史上古典主义文学批评观和浪漫主义文学批评观的对立，提出两者的形成有其意识形态原因和彼此之间存在着共通之处。

在对话式地解读巴赫金文论的同时，托多罗夫发现了巴赫金思想中的对话理论，并在对话中提出了自己的文学对话批评概念。他认为文学是异质的，不能用单一的文学理论去进行解读，要超越现有的二分法，让批评变成话语的对话和融合。

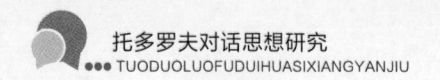

托多罗夫还解读了人的对话本质，探讨自我与他者的关系。西班牙人征服美洲的历史也是发现和认识他者的历史，他们或者认为印第安人是与自己有差异而认为其低人一等，或者为了保持与其平等关系而无视其差异性。托多罗夫提倡在保持自我与他者的差异性的同时，用对话精神在自我与他者之间保持平等的无止尽的对话。同时托多罗夫还分析了法国思想史中民族主义、国家主义和科学中心主义在对待他种文化上的错误，提倡一种温和的人文主义。

**关键词**　托多罗夫；对话；他性；话语

# Résumé

Le mot *dialogue* est un terme avec des notions très fécondes. Tout un courant de réflexion s'est développé autour du paradigme de la dialogique, autour de ses trois éléments: logos (discours), homme, et relation entre logos (discours) ou hommes hétérogènes. Le discours et l'homme sont par nature dialogiques. Le paradigme de la dialogique représente une voie nécessaire pour comprendre littérature, société et homme même.

Tzvetan Todorov est un homme double. L'altérité est sa nature existentielle, et le dialogue est sa manière d'existence. Au cours de sa carrière intellectuelle, il pratique le dialogue de diverses sortes, développant sans cesse ses pensées.

Dans la réception dialogique avec le Formalisme russe, Todorov est influencé par son esprit de science sur la littérature. Il cherche à faire des recherches sur la littérature à la lumière de la linguistique, laquelle objective l'œuvre littéraire et généralise la théorie littéraire. Sa poétique générale est inspirée par la linguistique générale, la narratologie vient de la grammaire syntaxique, la théorie des genres littéraires est issue de celui des genres de discours.

Pour approfondir la réflexion sur le discours, Todorov passe en revue les théories sur le symbolisme et l'interprétation qui existaient dans les siècles passés. Dans cette compréhension dialogique et historique, il a pour but de représenter le processus de la production et la réception des discours, exprimant ainsi le contraste et les points communs entre la critique classique et la critique romantique.

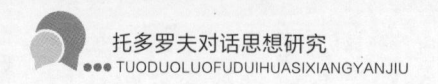

En dialoguant avec les pensées de Mikhaïl Bakhtine, Todorov rétablit sa principe dialogique. Pour lui, il est impossible d'analyser la littérature hétérogène en employant une seule critique. Todorov lance ainsi la critique dialogique pour franchir la séparation de la dichotomie des critiques littéraires, pour que la critique devienne la contiguïté des discours et le dialogue.

Todorov s'efforce aussi à comprendre la nature dialogique de l'homme, et trouver la relation entre le «je» et l'autre. L'histoire de la conquête de l'Amérique est aussi celle de la connaissance de l'autre. Certaines croient que les Espagnols et les Indiens sont différents, donc inégaux; d'autres pensent qu'ils sont égaux donc identiques. Todorov préconise de vivre la différence dans l'égalité, et maintenir le dialogue ouvert entre le «je» et l'autre. En même temps, il analyse le racialisme, le nationalisme et le scientisme dans l'histoire des pensées françaises à l'égard des autres, aspirant ainsi un «humanisme tempéré».

**Mots-clés**　　Todorov, dialogue, altérité, discours

# 目录

序 / I

摘 要 / I

Résumé / III

绪 论 / 1

    1 对话作为思想和方法论 / 1

    2 托多罗夫：双重属性的人 / 9

## 第1章 与俄国形式主义的对话 / 21

    1.1 对话的对象 / 22

    1.2 接受的对话 / 27

    1.3 对话的影响 / 29

## 第2章 文学语言系统内部的对话 / 31

    2.1 科学主义与人文主义的对话 / 32

    2.2 普遍诗学与个别阐释的对语 / 36

    2.3 叙事话语的句法关系研究 / 44

    2.4 从语言结构到话语类型的转变：体裁研究 / 48

## 第3章 话语思想史的对话 / 61

    3.1 概念的界定 / 62

    3.2 象征：文学话语的生产史 / 66

    3.3 阐释：文学话语的接受史 / 69

第4章　在对话中建构对话理论：与巴赫金的对话 / 77

    4.1　对话的滥觞 / 78

    4.2　对话的转折 / 81

    4.3　对话的深入 / 85

第5章　文学的对话批评 / 101

    5.1　对话批评概念的诞生 / 102

    5.2　文学的异质观 / 107

    5.3　超越两分法的对话批评 / 109

第6章　伦理的对话 / 117

    6.1　自我与他者 / 118

    6.2　空间的他者 / 120

    6.3　思想史中的他者 / 135

结语　对话之再反思 / 143

参考文献 / 150

致谢 / 157

附录　茨维坦·托多罗夫访谈 / 158

# 绪 论

## 1. 对话作为思想和方法论

  对话是人类特有的生存体验，和人类文明的发展史相关。几乎从人类文明诞生以来，对话就相伴相随。

  对话，就这一词的汉语字面意义来解释，"对"的本义是"应答、回答"，《广韵》中说："对，答也。"古文当中就常用"对曰"来表示回答，如《论语·述而》："叶公问孔子于子路，子路不对。"又如至今仍在用的成语"无言以对"、"对答如流"。"对"也有"两者相对、面对、彼此相向"的意思，如曹操的诗句"对酒当歌，人生几何"，李白的诗句"举杯邀明月，对影成三人"；现代汉语中的"对立"、"对峙"、"对称"等词取的就是这一意义。"话"作为名词指"语言"，作为动词则是"说、谈"的意思。现代汉语词典里，"对话"意为"两个或更多的人之间的谈话（多指小说或戏剧里的人物之间）"或者是"两方或几方之间的接触或谈判"。

  对话，在法语里是 dialogue，就其拉丁词源来说，前缀 dia- 的意思是"分离"、"穿越"，-logue 则来自 logos，"逻各斯"，也就是"词语"。从其拉丁词源来说，对话可以并不限于两个人，话语的交流可以在两个人以上进行。语言学家卡特琳娜·凯尔布拉-雷西奥尼（Catherine Kerbrat-Orecchioni）就提出过"三人话语"（trilogue），甚至"多人话语"（plurilogue）的概念。

  无论是"对话"一词的中文意义，还是外语意义，仔细考察，我们都可以发现其中的三个要素：第一个要素，是对话的参与者，对话的主体，也是话语的发出者——"人"。这个要素，乍看起来，是隐含在话语之后的，似乎不被人所关注；然而，西方古典哲学中对人的本质的探讨中夹杂了大量的关于对话的种种思想和哲学观，迄今为止的很多关于对话思想的研究都集中在这个要素之上。

  其二，对话和话语本身相关：话语的形式可以是口头的、书面的、肢体的等等，也就因此有了口头对话、书面对话、肢体对话；话语的内容可以是哲学的、

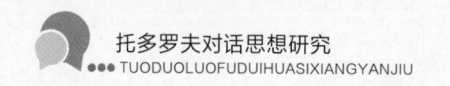

宗教的、艺术的等，于是繁衍出了哲学对话、宗教对话、艺术对话等等；还可以从话语的风格、层次等区分出各种各样的对话。自 20 世纪初以来，人文科学研究领域产生了"语言学转向"，在这种转向中，语言学成为了各门学科的领头羊，语言学的各个分支都得到了飞速的发展。于是对对话中语言及话语要素的研究，则随着语言学的发展而得到了重视。

第三，对话和话语/人的构成形式相关，也就是和话语与话语之间以及隐含在话语之后的人与人之间的组织结构形式相关。我们从对话的词源当中可以发现，无论是中文的"对"还是外文的"dia-"都说明，话语/人都不是同质的、单一的，而是异质的，分裂的，于是产生了话语与话语之间、人与人之间的不同的组织结构关系，可以是话语/人内部的微观对话，也可以是宏观对话等等，可以是问一答的循环往复，也可以是普通的话语/人之间的互动交流等。不同的人/话语之间的对话关系可以是时间上的前后相继，也可以是空间上的同时共存，也可以是人/话语内部的对话。

在人类文明史中，人们对对话的探讨基本上是围绕着对话的这三个要素展开的。尽管三者常常交织在一起，并不泾渭分明，然而在探讨时仍然各有侧重，形成了各个不同的对话理论，对话因此具有了广泛的含义，并衍生出了众多的概念：对话性？对话主义？对话体？对话的？对话理论？对话原则？对话范式？等等。这些关于对话的理论层出不穷，覆盖的内容、涉及的学科极其广泛，研究的方向和角度也呈现多样化。从最实用性的对话技巧到最具思辨性的对话哲学，各种各样的关于对话的思想和理论都被发掘出来，并扩展应用到各个学科研究领域。

从思想史上来反思，在西方，对话这种话语形式产生于柏拉图的《文艺对话录》，在那里，苏格拉底通过与雅典的青年进行对话来思考和传达自己的思想。在东方，中国古代的典籍《论语》则记载的是孔子与其弟子的对话。佛禅之道，也很倚重对话，故而有很多禅宗对话公案流传于世。到了近现代，马丁·布伯（Martin Buber）、海德格尔（Martin Heidegger）、加达默尔（Gadamer）与哈贝马斯（Jürgen Habermas）分别从哲学的层面阐述了对话的哲理内涵。

海德格尔是通过分析德国诗人荷尔德林的诗句"自吾人是一种对话"来阐释他的对话论的，明确地指出人、语言在哲学本体意义上具有对话性："我们——人——是一种对话。人之存在建基于语言；而语言根本上唯发生于对话中。可是，对话不仅仅是语言如何实行的方式，毋宁说，只有作为对话，语言才是本质性的。……我们是一种对话,这同时始终意味着:我们是一种对话。……我们的此在承荷着对话及其统一性。"① 在这里,对话不仅是作为语言的一种形式出现,而且是语言的本质。所以,如何对话,以及对话中所涉及的语言问题,都变成了具有深刻哲学意义的问题。对话因此上升到了哲学本体论的高度,和人的本质相关。海德格尔还提出了一种理想的对话模式:"诗与思的对话"和"四方游戏的对话"。在他看来,"诗与思乃是道说的方式,而且是道说的突出方式。"②两者之间存在着一种隐秘的亲缘关系,存在着对话,"这样一种道说着的应合方式只可能是一种对话"。③ 而诗与思的道说还具体展开为"天—地—神—人"的"相互面对"的"游戏"。海德格尔就这样提出了从哲学转向思想的具体方略,提出了一条对话之路。

在海德格尔之前的德国神学家马丁·布伯同样从人的本质的哲学高度来分析对话原理,不过他看重的是人与人之间的关系,因此也是从人与人的关系中提出关于对话的思想的。他认为,"人类实存的根本事实乃是人与人"④,只有在活生生的人与人的关系中才能认识人的本质。他把人与人的关系分为两种:"我—它"关系和"我—你"关系。"我—它"关系是一种工具理性的体现,依据是他者的价值和用处,在这种关系中,"它"是无生命的,并不能产生互动,也不是真正的关系。马丁·布伯认为,"我—你"关系才是真正的关系,这是一种双向互动的关系,而这种真正人与人之间的关系就是对话关系。在这种关系中,"你"告谓"我",对"我"说话,而"我"则对"你"的告谓作出回应。"对话的生命……是像其自己所显示的那样,是人们的相互关系"⑤。马丁·布伯还区分了三种对话:真正的对话、技术性的对话和装扮成对话的对白。在他看来,真正的对话是"每一位参与者都真正心怀对方或他人的当下和特殊的存在,并带

---

①海德格尔:《荷尔德林与诗的本质》,见《海德格尔选集》(上),孙周兴选编,上海:生活·读书·新知三联书店,1994年,第315页。

②海德格尔:《语言的本质》,见《海德格尔选集》(下),孙周兴选编,上海:生活·读书·新知三联书店,1996年,第1105页。

③海德格尔:《从一次关于语言的对话而来》,见《海德格尔选集》(下),孙周兴选编,上海:生活·读书·新知三联书店,1996年,第1056页。

④马丁·布伯:《人与人》,张见、韦海英译,史雅堂校,北京:作家出版社,1992年,第275页。

⑤马丁·布伯:《人与人》,张见、韦海英译,史雅堂校,北京:作家出版社,1992年,第16页。

着在他自己与他们之间建立一种活生生的相互关系的动机而转向他们",这种对话出现之处,"代表着人类精神的有机物质的持续性的证据就显示出来"。①

而加达默尔则从海德格尔的基本观点出发,将"对话"这一概念纳入自己的哲学阐释学(或称诠释学),提出了"问—答逻辑"、"视界融合"的理论。他认为,"理解一个文本就是使自己在某种对话中理解自己",而且"理解总是以对话的形式出现"。他就对话的内容、对话者的关系等进行了系统的论述,认为:"出现在对话中的真理是逻各斯,它既非你的,也非我的。相反,它超出了对话双方各自的主观性"。② 加达默尔还提出了一种对话的思想模式,他认为在对话中可以达到平等的一致,最终达到一个他们共有的理解:"在成功的谈话中谈话伙伴都处于事物的真理之下,从而彼此结合成一个新的共同体。谈话中的相互理解不是某种单纯的自我表现和自己观点的贯彻执行,而是一种使我们进入那种使我们自身也有所改变的公众性的转换。"③ 从这一点来看,加达默尔的对话是一种理想的对话模式,它所要求的是谈话双方对真理的共同接近。

法兰克福歌德大学的教授于耳根·哈贝马斯则把对话范式作为自己提出的社会交往理性哲学的理论基础。为了避免个人和系统、科学控制和民主意志之间越来越严重的分离,哈贝马斯想找到重构社会关系的途径,在理性的基础上在社会成员之间重新建立一种真实的交流和民主。这种交流,是通过话语,在个体之间、文化之间和差异之间寻找互相理解关系的一种活动,这种关系要求抛弃主体,实现互主体性。"除了合作追求真相,交流的准则应该压制当事人所有的动机,从根本上获得他们的理性赞同。"④ 在他看来,基于互主体性的对话和交流是现代社会的基础。

对话这一语言行为被应用在文学批评领域,是米哈伊尔·巴赫金(Mikhaïl Bakhtine)首先提出来的。在分析陀思妥耶夫斯基(Dostoïevski)的作品的时候,巴赫金认为其文学创作中的对话是非常根本的。在他看来,词或话语(discours)

---

① 马丁·布伯:《人与人》,张见、韦海英译,史雅堂校,北京:作家出版社,1992年,第30-31页。

② 《对话》,见《文学理论批评术语汇释》,王先霈、王又平主编,北京:高等教育出版社,2006年,第482页。

③ 加达默尔:《真理与方法:哲学诠释学的基本特征》(上册),洪汉鼎译,上海:上海译文出版社,2004年,第491页。

④ Habermas, *Théorie de l'agir communicationnel*, Fayard, 1988, P36.

具有对话的性质,因为它们内部同时存在着多个彼此独立的不同的意识。也就是说,在陀思妥耶夫斯基的艺术世界里,不仅有作者个人的意识,也同时存在着作品人物之间的意识。因此人物不仅是多重的,而且是分离的,分成了"我"和"他者"。他首先被他者分离,久而久之就变成了他自身的他者。对话就由此产生,它证明了这些意识的共存和互动。在全面考察了陀氏的作品后,巴赫金发现,"到处都是人物角色的表面对话和内心对话之间的对语,和谐地、不和谐地互相影响着。"① 人的意识是对话性的。巴赫金因此总结,"存在,就是对话交流。……一切都是手段,对话才是目的。"而且,这种对话是无止尽的,"对话不能也绝不应该停止",这是一种"永恒的共同的乐趣,共同的赞赏,共同的声音"②。

巴赫金把"对话"概念扩展到了整个科学领域。通过研究话语在人类各种活动中的作用,他发现了学科区分的原则:在自然科学领域,话语毫无作用,"知识与来自被认识物体的话语、符号的接受和阐释并不相关";而在人文科学领域,话语却起着举足轻重的作用③。因此,在人文科学领域,"不仅需要谈论话语,而且是用话语谈论话语,以便能抓住话语的意识形态意义,这样获得的意义也只是一种包含了评价和回答的对话的理解。"④ 换句话说,人文科学的研究方法就只是一种"对话的理解",而其学科特性也正在于这种对话性的阐释。从这个角度上来看,巴赫金把他的"对话"普遍化了,扩及了所有的人文学科。

朱丽叶·克里斯特瓦(Julia Kristeva)将巴赫金的作品引进到了法国的知识分子中间,在罗兰·巴尔特(Roland Barthes)的课上介绍了巴赫金的对话理论。克里斯特瓦把这种对话观点融入到了结构主义的思潮当中,认为它是"我们时代人文结构的基石",以此来说明这种新的研究方法的现代性。对她来说,对话主义是内在于结构的:"对话主义与话语的深层次结构共生。"⑤ 那时结构主义仍然坚持将主体和历史排除在外,受这一影响,克里斯特瓦尝试将对话限制在封闭的文本内,局限在叙事体系内部。说话的人被瓦解了,让位给文本间的对话。巴赫

---

① Bakhtine, *Poétique de Dostoïevski*, Seuil, 1970, P362.
② Bakhtine, *Poétique de Dostoïevski*, Seuil, 1970, P344.
③ Todorov, *Mikhaïl Bakhtine le principe dialogique*, Seuil, 1981, P29.
④ Todorov, *Mikhaïl Bakhtine le principe dialogique*, Seuil, 1981, P29 – 30.
⑤ François Dosse, *Histoire du Structuralisme. 2, Le chant du cygne, 1967 à nos jours*, La Découverte, 1992, P73.

金的对话因此只局限在这文本世界里,由过去、现在、将来的所有文本组成,对话由此体现为文本之间的相互联系。克里斯特瓦就此创造了"文本间性"这个词,并且在文学理论上取得了惊人的成功。

对话性就这样由巴赫金提出,由克里斯特瓦和本论文的研究对象——茨维坦·托多罗夫(Tzvetan Todorov)发展,逐渐演变成文学批评中一种占统治地位的发展方向。就此而言,艾布拉姆斯(M. H. Abrams)在《镜与灯》里所提出的根据文学研究四要素——作者、读者、作品、世界——形成的所有文学理论都可以看作是这些要素之间的对话,只是各个理论对其中某一要素的侧重点不同而已。正如热奈特(Gérard Genette)所宣传的那样:"……这些侧重点的变化从来没有从根本上改变批评的根本功能,仍然是建立一个文本和某一种心理(psyché)之间的一个对话,不管这个对话是有意识的还是无意识的,个体的还是集体的,创造性的还是接受性的。"① 也就是说,文学批评就是对话性的!

对话性这个概念在文学领域里产生后很快在其他研究领域繁殖起来。在语言学分支中,法兰西学院的教授海然热(Claude Hagège)在他的《语言人:语言学对人文科学的贡献》(*L'homme de paroles*: *contribution linguistique aux sciences humaines*)里,把他的理论方案定义为"一种互动性的对话概念"(une conception interactionnelle dite ici dialogale)②,认为这是语言学对人文科学做出的贡献。海然热在新达尔文主义和人类学研究的基础上解释了人类的起源和人类语言的起源,界定了对话人(l'homme dialogal)的概念。在他看来,人类的属性,就是人类具有一种执拗不变的与同类进行交谈的能力和从事词语交流的禀性。在生命世界,惟人类能够同时做到喻义(signifier)和交流(communiquer),也就是"运用按照协调的结构组织起来的、随时可以添加符号的,去传达和解读以高度复杂的互动性和对话性的社会关系为前提的信息"③。因此,人类从本质上是对话的④。"对话人是既受到制约又具有自由性的不断更新的辩证产物,……他从本

---

① Gérard Genette, *Figure III*, Seuil, 1972, P10.

② Claude Hagège, *L'homme de parole*, *contribution linguistique aux sciences humaines*, Fayard, 1985, P9.

③ Claude Hagège, *L'homme de parole*, *contribution linguistique aux sciences humaines*, Fayard, 1985, P143.

④ Claude Hagège, *L'homme de parole*, *contribution linguistique aux sciences humaines*, Fayard, 1985, P312.

质暗示了话语的某些标志,这话语知道谈论作为一个整体的他,而不是他的面具。"① 海然热把这个"对话人"看成"心理社会性的表述者"(énonceur psy-chosocial)。这个概念就建立了一个听者和一个说者,彼此之间是不对称的。即使话语情景并非是交谈性的,心理社会性的表述者在本质上也是对话的人,因为"他身上本身就汇集了根据不同情境使用不同语言的所有类型。"②

海然热的"对话人"将对话这一概念从克里斯特瓦的文本中解放出来,从语言学的抽象形式主义中走出来,使语言学成为一门能够说明社会和历史的实际情形的科学。然而,对话范式并不仅仅局限在语言学尤其是语用学中成为一种可操作的技巧,在社会学研究中也结出了丰硕的果实。法国社会学家埃德加·莫兰(Edgar Morin)把对话看成一种可以让所有分散的东西进行交流的途径。对话学尤其是一种恰当的工具,可以考虑那些分离的东西之间的联系,因此它也是一种世界观,这种世界观可以避免任何形式的简约主义:"宇宙正是通过这种对话学来建构、发展、毁灭和演化的。"③ 此外,莫兰认为对话学的优点是可以使矛盾的实体之间产生互补而不是对抗。

在英国物理学家和思想家戴维·伯姆(David Bohm)看来,对话是一个多层面的过程,远远超越了传统意义上所指的谈话和交流范畴。其中最重要的是,对话旨在探索人类内心思维的作用方式,从本质上来理解意识。伯姆认为,人类思维的本质并非是对客观实在完全、真实的再现,而只是一种有限的媒质,它生产于集体之中,并在集体之上维持。从最深层的意义上说,对话邀请人们去检视关于做人意义上的传统定义是否还站得住脚,同时让人们通过集体的途径,来探索如何拓展人类生存和发展的前途和空间。对话的参与者只有认真地长期地坚持开展对话,才能发现对话本身的潜力和创造力,也就是暴露人类深层意识结构的能力。④

---

①Claude Hagège, *L'homme de parole*, *contribution linguistique aux sciences humaines*, Fayard, 1985, P396 - 397.

②Claude Hagège, *L'homme de parole*, *contribution linguistique aux sciences humaines*, Fayard, 1985, P318.

③François Dosse, *Histoire du Structuralisme. 2*, *Le chant du cygne*, *1967 à nos jours*, La Découverte, 1992, P522.

④戴维·伯姆:《论对话》,李·尼科编,王松涛译,北京:教育科学出版社,2004 年,2007 年,第 8 - 10 页。

法国当代学者弗朗索瓦·多斯（François Dosse）在其《结构主义史》（Histoire du Structuralisme）一书第二卷中专门列了一章"保卫对话性"（Pour une dialogique），作为对从结构到解构这一法国20世纪思想主潮的一个最后的归结。他总结说，"要么选择无所不能的主体，要么选择呜呼哀哉的主体，面对着这一长久以来完全无法逾越的虚假的选择，一个完整的当代思想分支围绕着对话范式、交往行动范式建立起来了。对话学提供了真正的自由之路，它既是一项社会方案，也是一个多产的社会科学范式。"① 他列出了关于对话学的一些思考，并认为："对话是在相对性的时代体验普遍性的方式，对话性是在原教旨主义大力回归时代的理性表现。"②

中国学者也对影响日益扩大的对话概念给予了关注。北京大学的比较文学学者乐黛云把对话看成新千年人类共存的必要方式。她认为，当今世界的变化使得对话变得越来越迫切："我们正处于一个文化转型时期，……第一，世界进入了信息时代；作为20世纪前半叶帝国主义特征的垄断寡头经济已被当前多元经济所替代；作为帝国主义分割世界势力范围的殖民体系已经土崩瓦解，而代之以独立的亚、非、拉美各民族国家，这些国家构成了从未有过的第三世界。第二，这些事实上的巨大变化引起了思想观念的极大改观。人们认识到一切体系和中心都是相对的，都只是一种人为的设想，都只是从无限的宇宙、无限的时间之流，按照人类现有的认识能力而截取的一小部分。要使一个体系富有活力，就必须在另一参照系的比照中，用一种'非我的'、'他者的'陌生眼光加以重新审视。这就促成了文化外求和横向开拓的必然性和迫切性。"③ 这种"文化外求""横向开拓"的方式就是对话。同时，乐黛云也从中国传统文化中找到了对话范式的文化根基，这就是"和"的概念。"和"代表了中国文化遗产的一种根本价值观，是中国古代文人极其向往的一个理想。乐黛云继承了这个概念，尤其强调了"和而不同"的思想。她认为只有对话可以实现这一理想。她觉得人类通过"生产性"的对话可以达到互识、互证和互补，由此实现人与人、人与社会、人与自然之间

---

① François Dosse, *Histoire du Structuralisme. 2, Le chant du cygne, 1967 à nos jours*, La Découverte, 1992, P517.

② François Dosse, *Histoire du Structuralisme. 2, Le chant du cygne, 1967 à nos jours*, La Découverte, 1992, P524.

③ 乐黛云：《中西诗学对话的必要性与可能性》，《中国比较文学》1993年第1期，第5页。

的和谐。对她来说，对话就是一种新人文主义的证明。①

综合上述思想，我们发现，无论是话语还是人，本质上都是对话性的。对话范式在如今已经变成理解文学、理解社会、理解自我的一条必由之路。不管是在语言学还是在文学批评或者人类学研究领域，或者是在其他的学科，无论是在西方还是在东方，关于对话的思想和思考都已经引起而且将继续引起学者们的极大关注，影响不断地扩大。可以说，现在已经存在一个"对话学"。本书的对象——茨维坦·托多罗夫，就是一个"对话的人"，在其一生中不断地实践着各种形式的对话：现实的对话或者是隐喻上的对话，技术上的对话或是形而上的对话，有意识或无意识的对话，文学、文化或者是跨学科的对话。本书的写作意图，就是阐释托多罗夫在其人文研究生涯中是如何发展对话这一概念，并如何付诸实践的。

## 2. 托多罗夫：双重属性的人

法国学者茨维坦·托多罗夫（Tzvetan Todorov）1939年3月1日出生在欧洲东南部的小国保加利亚的索菲亚市。他的家庭是一个书香世家：父母都从事图书馆工作；第二次世界大战末期，父亲还曾担任过几年保加利亚国立图书馆的馆长，之后一直从事大学教职。因为家学渊源，托多罗夫从小喜爱阅读，热爱文学，1956进入索菲亚大学学习文学，专业方向是斯拉夫语文学。结束大学学习之后，他当了一年中学老师。1963年，24岁的托多罗夫得到姑姑的资助去巴黎求学。他注册了博士学位，博士导师是当时名声大噪的罗兰·巴尔特。自此以后，他选择留在法国，融入法国生活。1967年，他出版了一本俄国形式主义的译著和从博士论文而来的第一本书，并被邀请到美国耶鲁大学任教一年。回法后，托多罗夫进入法国国立科学研究中心（CNRS）从事研究工作，在那展开全部职业生涯，直至2005年退休。其间曾担任巴黎八大、纽约大学、加州大学、哈佛大学访问教授。1973年托多罗夫获得了法国国籍，在法国定居，直至2017

---

① 钱中文先生借鉴巴赫金的对话主义，自20世纪90年代就明确提出"对话的文学理论"，认为"20世纪中国各种获得成就的文学理论，大体是通过对话的方式获得发展"。这一思想之后被曾军继承，在本书出版之际，他提出要"全面升级'对话主义'的研究方法"（《南京社会科学》，2017年第10期）。

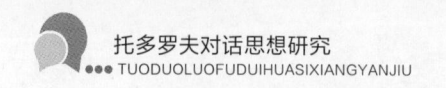

年2月7日去世。

纵观托多罗夫已有的研究范围和出版的著作，我们发现他的著作之多、涉猎之广、面孔之多变，实在很难让人简单地用一两个词给他加个确定的头衔，或在他的研究方向前加上确定的限定词。正如2004年在英国召开的首届托多罗夫国际研讨会（First International Tzvetan Todorov Conference）上，索菲亚大学Stoyan教授的致词中所说的那样："在过去的30多年中，托多罗夫已经成为当代人文科学的主要思想家之一。从他20世纪60年代中期介绍俄国形式主义文论进入法国学术界到最近关于极权主义的著作，他的研究范围先后覆盖了：诗学、叙述学、符号学、修辞学、存在主义、历史学、文化学和人类学，涉及文学科学的可能性、转换的概念、道德与伦理、移情作用、记忆、民主、权力……"。按照中国学界目前一般的看法，托多罗夫的研究活动大致可以分为三个阶段：

第一阶段：1963—1978年，托多罗夫主要从事结构主义诗学和叙事学的理论建构和批评实践。1965年，托多罗夫编辑并翻译了《文学理论：俄国形式主义文论选》（Théorie de la littérature. Textes des Formalistes russes），向法国知识界文学界介绍了20世纪之初的俄国文学和语言学的创新。同年，他在罗兰·巴尔特的指导下完成了博士论文，并于1967年将其以《文学与意义》（Littérature et Signification）之名出版。他在1968年发表的《诗学》（Poétique. Qu'est-ce que le structuralisme ?）一书中阐述了他关于结构主义的理论框架和分析方法，并在之后的研究中进行实践，在叙事语法和叙事体裁上取得了较为显著的成果，《<十日谈>语法》（Grammaire du Décaméron）、《幻想作品导言》（Introduction à la littérature fantastique）、《散文诗学》（Poétique de la prose）和《话语种类》（Genres du discours）等书就是这一成果的体现。托多罗夫认为，寻求真理首先要有正确的工具，他自己这一阶段的学术活动就是要掌握好的工具。如果要总结的话，他这一时期主要是追求知识（connaissance），是求真，这个"真"，不是"真理"，而是与客观世界相符的"似真"，是排除了意识形态和价值观的纯粹文本研究。

第二阶段：1978—1984年，托多罗夫在沿着前一阶段研究道路前进的基础上，主要从事语言象征与话语阐释理论的研究，同时找到了被自己抛弃的历史主体，对西方文学批评史和自己的文学批评道路进行反思甚至批评，最后提出了对话批评主张。在此期间，托多罗夫出版了两部可称为姊妹书的《象征理论》（Théories du symbole）和《象征与阐释》（Symbolisme et Interprétation），从研究语言符号学中的象征理论入手，回顾和考察西方的文艺学、美学，发现了西方文学史上古典主义与浪漫主义的对立、批评史上目的论阐释和行为论阐释的对立。同时，托多罗夫发现了前苏联文艺理论家巴赫金，后者的思想给予了他丰富的启示，修正了他对文学及文学批评的看法。他在《米哈伊尔·巴赫金与对话原则》（*Mikhaïl Bakhtine le principe dialogique*）一书中以对话原则概括巴赫金的思想，并将之付诸实践，在《批评之批评：学习的小说》（*Critique de la critique. Un roman d'apprentissage*）一书中实践对话批评。这一时期，其实是转折时期，很多人把《批评之批评：学习的小说》看成是托多罗夫所有文学批评活动的总结，而对话原则是他提出的作为总结的批评方法。

第三阶段：1984年迄今，托多罗夫的研究活动突破了文学范畴，扩展到文化人类学、伦理学、美学、历史学等几乎人文科学的所有领域，对涉及人的生存的各个方面进行探索。在《征服美洲》（*Conquête de l'Amérique. La question de l'autre*）中，托多罗夫研究了16世纪西班牙人和墨西哥的美洲印第安人的相遇，借此思考不同文化间的关系、我与他者的关系。他在《我们与他者》（*Nous et les autres. La réflexion française sur la diversité humaine*）、《不完美的花园》（*Jardin imparfait. La pensée humaniste en France*）、《启蒙精神》（*Esprit des lumières*）中，延续了对这一问题的思考，从思想史上考察法国从蒙田（Montaigne）、卢梭（Rousseau）、启蒙思想家到克洛德·勒维－斯特劳斯（Claude Lévi-Strauss）对这个问题的思考，提出人文主义以及一些相关的副主题，例如民族主义、种族主义、殖民主义或异国情调。收集在《历史伦理》（*Morales de l'Histoire*）里的评论也与这个主题相关。与此同时，托多罗夫对极限情境下的人类行为，特别是面对专政和战争灾难的时候的行为产生了兴趣，在《面对极端》（*Face à l'extrême*）一书中他研究了第二次世界大战时期德国或俄国的集中营的伦理行为，在《一个法国悲剧》（*Une tragédie française*）中研究法国战末的一个片段。这些研究促成他思考善恶二元论的问题，并就此出版了《恶的记忆，善的诱惑》（*Mémoire du mal, tentation du bien. Enquête sur le siècle*）。此外，托多罗夫还从其他艺术形式研究了相关的人文主题，比如《个人颂》（*Eloge de l'individu*）、《日常颂》（*Eloge du quotidien*）就是从绘画角度研究人的日常生活的书。乍看起来，这一阶段他的研究活动之繁复多变，似乎很难归类总结，但细究起来，总体而言仍然有着一些共同点，比如他的研究题材都是欧洲文化过去几个世纪的历史：16世纪的西班牙征服美洲、17世纪荷兰日常生活的侵袭、18世纪、19世纪法国思想中关于文化多元性的论断，以及20世纪的集中营和内战。再比如，这些著作都是"关于政

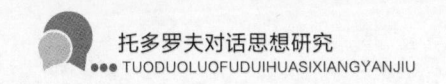

治伦理观本质或人类状况的"①。这一阶段的研究，托多罗夫超出了前期对知识的钟情，他仍然寻求"真"，不仅是科学上的客观的"真"，而更多的是人文的"真理"和伦理道德上的价值观。

以上就是中国学界对托多罗夫学术活动的阶段划分。这一划分也许并不准确，托多罗夫自己就认为不是三个阶段，而是两个阶段下包含着的一些小阶段，他将上述的第二个阶段划分为第一个阶段的小插曲、小阶段。② 不过，尽管这阶段的划分仍有争议，但是至少从一个侧面说明了他学术活动的多变性，而且他至今仍不时有新作问世，有人戏言，他的作品也许不到盖棺不足以定论。那么，在他众多的著作、多变的研究主题中，是否有一个相对的阿丽亚娜线，贯穿他的学术生涯呢？或者说，只有分散的主题、断裂的学术活动，而没有一根中心线呢？

1995年，让·维耶（Jean Verrier）在《茨维坦·托多罗夫：从俄国形式主义到历史伦理》（*Tzvetan Todorov. Du formalisme russe aux morales de l'histoire*）一书中对托多罗夫的思想做了一些注解。他开宗明义，认为托多罗夫的学术活动并不存在真正的断裂，而是存在着延续性。让·维尔耶认为，"托多罗夫一直就是个中介者（médiateur），这是他的贡献，……也是他的独特之处。"③ 他还举例说明了在托多罗夫各个阶段书中重复出现的研究对象，比如说：他把《米哈伊尔·巴赫金：对话原则》看成是托多罗夫学术生涯中的承上启下之作，而其中的"他者问题"早就出现在1971年出版的《散文诗学》中，也是《征服美洲》的主题，而《批评之批评》就是这一主题的总结。不过，当让·维尔耶编撰这本书的时候，并不是托多罗夫学术生涯结束的时候，之后十多年来，他仍不断有新作问世。让·维尔耶那时候的断言到了此时是否仍然适用呢？

2002年，托多罗夫和卡特琳娜·波特文（Catherine Portevin）两人以对话的形式，对自己一生的学术活动做了一个回顾，可称得上是托多罗夫的传记。在这本名为《责任和乐趣：艄公的一生》（*Devoirs et Délices. Une vie de passeur*）书中，托多罗夫试图通过对话的形式，展现自己的生活，探索自己的身份，寻找自身活

---

① Jean Verrier, *Tzvetan Todorov. Du formalisme russe aux morales de l'histoire*, Bertrand-Lacoste, 1995, P125.

② Jean Verrier, *Tzvetan Todorov. Du formalisme russe aux morales de l'histoire*, Bertrand-Lacoste, 1995, P123 - 124.

③ Jean Verrier, *Tzvetan Todorov. Du formalisme russe aux morales de l'histoire*, Bertrand-Lacoste, 1995, P13.

动的内在关联性。托多罗夫认为，自己的生活和作品是有着密切相关性的。比如，他的生活和研究工作的很多特点是和第二次世界大战后保加利亚的政体相关的，"从那，才有了我在法国的定居和我的'失去家园的人'的生活；从那，才有了我对政治哲学、民主、人文主义的兴趣；从那，也许，才有了我对私人生活、对存在的兴趣和依恋。同样，我生长的家庭，我父母体现的价值观，我成长于其中的书籍，这一切都无疑在我的路途中起了作用，肯定影响了我。"① 但是，托多罗夫也不认为自己的作品就是生活造成的直接结果，他举了自己的兄弟作为反例：在同样的家庭同样的国家里生活，他的兄弟不是文人而是科学家，他呆在保加利亚而没有移民。因此，托多罗夫认为，他的"生活和作品就是同一个意图的两种形式"②。

托多罗夫的这一番解释，其实更从反面说明了一点：他的生活和作品如果说不具有同一性的话，那么起码也是具有连贯性的；如果不是互为因果的话，也是表里相证的，或者说，他的作品就是与生活的对话。

到了法国十多年后，托多罗夫结了婚，有了小孩，成了法国公民。他不再需要像在保加利亚那样，因为权力的高压屈服于意识形态的教条，文学批评不再需要服从预先既定的断言。曾经让他只对文本的词语形态感兴趣的原因已经消失了，他有了可以自由评论的权利，可以对文本以外的社会、历史、政治、伦理感兴趣。可是他发现，在法国这个号称自由的资本主义国家里，仍然出现了和他出生的国家一样的情况，也存在着两种话语，人们私人的内心活动并没有指导他们公开的活动，思想和行动之间存在着差异。虽然大多数人不乏政治信念，但缺乏伦理感，满足于自己中产阶级的生活。托多罗夫反躬自省，发现自己的职业生活和生活的其他部分也是缺乏联系的。他发现，在他关于语言和文学的思考中，没有任何一点东西是与他在学术工作之外的生活、信仰、好恶有关，也就是说，他的言与行也是不协调的，或者说是相分离的。然而，在托多罗夫看来，人文科学和非人文科学不同之处，正在于研究者和研究对象，也就是研究主体和研究客体之间是相联系的。历史学家研究的是关于人的历史，这和地质学家与他的研究对象矿物质之间的关系是不同的。人文科学不会像非人文科学那么客观，它不仅需

---

① *Devoirs et Délices. Une vie de passeur*, Seuil, 2002, P382. ——另注：本书中之后脚注不加引文作者出处者，如无特殊说明，均为托多罗夫著作。

② *Devoirs et Délices. Une vie de passeur*, Seuil, 2002, P383.

要客观的技巧方法，也会要求个人直觉和经验。这也注定人文科学会既研究事实，也应做出价值评判。正是因为此，托多罗夫走向了后期的政治和历史伦理研究。这时的学术活动，既是顺应了社会生活的外在环境，又呼应了自己的内心爱好。

所以，托多罗夫的学术活动和他的生活是紧密联系的，他的生活经历在自己的学术活动中或隐或显，如一首乐曲，有时是主题动机，有时是副歌。托多罗夫在24岁的时候离开了自己的国家保加利亚，从此在法国定居。这一事件的表面意义，是托多罗夫成了"失去家园的人"，他的生存环境和空间都发生了变化；而深层意义，是造就了一个双重属性的人。他既是保加利亚人，也是法国人："我身上同时具有两种立场，法国人的和保加利亚人的"，"我的确具有两面性"，托多罗夫自己这样承认。① 国籍的变化是表面的，更深层次的是在国籍掩盖之下的两种社会制度、两种文化的变化。这样的变化造就了托多罗夫双重属性的文化身份。

这一双重属性，既是双重的内在，又是双重的外在：托多罗夫可以自如地说保加利亚语和法语，同时归属于两种文化，同时从内部透视两个不同的社会。然而，托多罗夫既不再是真正的保加利亚人，也"永远都不会成为真正的法国人"，他"生活在特殊的空间，既在外面，又在里面：回到'家'（索菲亚）变成了外国人，到了'外国'（巴黎）却像回到了家。"②

这一双重属性使得托多罗夫在法国的文化圈里有着极其特殊的位置：作为一个失去家园的人，他确实是一个取得法国籍的外来人；但是作为一个精通法国文化的学者，他比大多数法国人更法国化，没有任何一个法国文化人像他那样全面系统地探索法国思想，笛卡尔的理性精神在他身上体现得分外突出。③ 他确实已经深入其中：有罗兰·巴尔特领航，有热拉尔·热奈特陪同，他早已深入结构主义运动的核心；可是他却一直游离于外，不愿承认自己的结构主义标签，既没有追随勒维-斯特劳斯，也没有追随拉康（Lacan）、阿尔都塞（Althusser）或是萨特（Sartre）。他的学术生涯也是双重的，他生命的第一部分情牵知识，反对政治、无视真理价值观；他生命的第二段则贡献给了真理和价值。他身上具有着多

---

① 《失去家园的人》，许钧、侯永胜译，台北：桂冠图书股份有限公司，2004年，第9、8页。
② 《失去家园的人》，许钧、侯永胜译，台北：桂冠图书股份有限公司，2004年，第14页。
③ *Devoirs et Délices. Une vie de passeur*, Seuil, 2002, P362.

组双重属性,他在早期撰写的关于陀思妥耶夫斯基的《他性:地下室手记》(*Jeu de l'altérité*:*Notes d'un souterrain*)的文章中写就的一句话可以作为他自己的注脚:"浑然一体的、简单而不可分割的人是一种虚构,最简单的人就已经是双重的了。"①

这双重属性体现在托多罗夫的学术活动中,就是"他性"(altérité)这一主题。"他性",来自托多罗夫的双重属性,来自他的不统一,来自与他者的关系。正是双重属性使得托多罗夫对"文化的他性、对他者的感受更加深刻"②,使得"他性"成为托多罗夫众多作品的哲学伦理学基石。卡特琳娜·波特文指出托多罗夫一直以自己的方式和主题在自己的作品中不停地关注着"他性"这一主题,关注着我们与他人之间的关系。③让·维尔耶则举例说明:在早期的《散文诗学》中就有研究陀思妥耶夫斯基的文章《他性:地下室手记》,《巴赫金》中有一章专门研究"他性",研究他者,《征服美洲》和《我们与他者》是研究遥远的他者,而《共同生活》(*Vie commune*)是研究眼前的"他性"。对托多罗夫来说,兰波(Rimbeau)的"我是他者"这一名言就是为他而写,正是在与他者的内在关系中确定了自我的身份。他在介绍弗朗索瓦·于连(François Julien)的《迂回与进入》(*Détour et accès*)这本书的文章当中,很明确地提出了"通过他者认识自我"④ 这个原则。他在另一篇访谈中指出,对于一个改变语言和文化的人来说,"他性"是一个生存性问题。如果我们要寻找一个可以举起托多罗夫所有作品的阿基米德点,那就是"他性"了。

面对着双重属性、面对"他性",托多罗夫采取了什么行动呢?他变成了一个中介者。一个"文本阐释者,就是一种中介者,他试图更好地沟通作家和读者"⑤。当托多罗夫决定做个评论家而不是创作家的时候,他就变成了一个中介者。而当他到法国之后,成为一个"失去家园的人"的时候,他从生存上变成了一个中介者。他开始用语言承担起艄公的角色,他让他的法国同行理解他从俄

---

① *Poétique de la prose*(choix), suivi de *Nouvelles recherches sur le récit*, Seuil, 1971, 1978, P156.

② *Critique de la critique. Un roman d'apprentissage*, Seuil, 1984, P183.

③ *Devoirs et Délices. Une vie de passeur*, Seuil, 2002, P361.

④ La Chine et nous. La connaissance de soi au moyen des autres, in *Le monde*, vendredi 27 janvier 1995, P8.

⑤ *Devoirs et Délices. Une vie de passeur*, Seuil, 2002, P361.

语、德语、英语习得的文本。他打破了学科的界限，将自己的研究扩展到历史学、人类学、哲学等多个领域。正如他在访谈中自己承认的那样：

> 我既是出于兴趣也是由于命运，培养了这种中介者角色：这是批评家——作者和读者之间的中介者——的角色，也是移民者——两种文化之间的中介者——的角色。这和我对"他者"或"他们"的兴趣是同一回事。①

除了担任作者和读者之间的中介、文化之间的中介，托多罗夫还担任了学科之间的中介，他打破了人文科学各门学科之间的藩篱，试图消除文学、美学、伦理学、哲学、人类学之间孤立的状况。"这似乎是我的一个执念：我总是想炸掉障碍，穿越界线，发现表面看起来自治的区域之间的通道。这种执念无疑和我从一个国家到另一个国家之间的穿越相关。"② 托多罗夫最后总结，发现自己以多种形式过着艄公的生活：

> 在我自己穿越了界限之后，我一直试图让通往他处的通道更容易。我首先穿越了国家、语言、文化的界限，然后是在人文科学阵营中研究领域和学科之间的界限。还有普通与本质、日常与崇高、物质生活与精神生活的界限。在辩论中，我羡慕的是中介者的角色。③

中介者的工具就是对话。托多罗夫就是用对话连接起自己的双重属性，表达出自己身上的"他性"，跨越国家、语言、文化、种族和学科的界限。可以说，托多罗夫的全部作品，就是与生活、与他者对话的结果。

双重属性、"他性"、中介者、对话，这些概念是层层递进的。因为托多罗夫生存上的双重属性导致了他存在本质上的"他性"，使得其成为一个中介者，而采用了对话为工具进行沟通和跨越。

对话，对于托多罗夫来说，具有着重要的意义。但是，如前章所说，对话一词的内涵丰富，关于对话的概念、理论众多，那么我们在这所取的是何意义呢？

如果按照我们前一节对对话思想的概述，对话中包含三个要素：人、话语和关系，那么我们也试图从这三个要素去对托多罗夫的对话思想进行考察，尽管在实践中，这三个要素错综复杂，难以泾渭分明。

---

①Jean Verrier, *Tzvetan Todorov. Du formalisme russe aux morales de l'histoire*, Bertrand-Lacoste, 1995, P122.

②*Devoirs et Délices. Une vie de passeur*, Seuil, 2002, P109.

③*Devoirs et Délices. Une vie de passeur*, Seuil, 2002, P382.

首先，从人的要素上来看，对话是人的本质，无论是对作为研究对象（客体）的托多罗夫还是对作为研究主体的托多罗夫来说都是如此。

对作为我们研究对象的托多罗夫，他的生命就是对话。这一对话，首先体现为一种具体的语言交流活动，体现为实现生存的一种必不可少的方式。任何人都需要对话，而对于托多罗夫这样一个跨越民族文化的移民者来说，对话更是作为一个中介者必不可缺的工具。他必须对话才能在改变后的环境和空间中生存，与原住民进行对话才能了解当地的文化，必须与同行对话才能融入当地的文化圈。所以，我们不难看到托多罗夫作品中有不少借鉴了对话的形式，《责任和乐趣：艄公的一生》这本相当于自传的书，也是以对话的形式对其一生的学术生涯进行回顾。这对话也体现为一种抽象的对话。现代阐释学认为，作为一个批评家，他的批判活动本身就是一种对话，是作家、作品和读者的对话。他对法国作家、思想家的解读，本身就是理解的对话，这也许不是人与人面对面的交流，但却是透过文本与思想家的交流对话。他在《我们与他者》、《批评之批评》、《不完美的花园》等著作中对思想史的解读，如他自己所说，就是"思想的对话史"，也是"对话的思想史"。[①] 他对拉·罗什富科（La Rochefoucauld）、卢梭、歌德（Goethe）、本杰明·贡斯坦（Benjamin Constant）的理解，就是和他们的对话。[②]

而对作为研究主体的托多罗夫，在他所研究的对象和领域里，我们都不难发现对话的本质。无论是文学话语中的对话，还是哲学伦理学上自我与他者、种族与族群、普遍主义与相对主义、善与恶的关系等，都和对话相关，我们都能发现对话的内涵。

其次，我们从话语的形式及语义上来理解对话。托多罗夫前期在文学批评上所进行的探索，基本上集中在语言学内部，他用语言科学来研究文学，然而，这种研究，仍然是对话的，借用前面所引用的克里斯特瓦的话说："对话主义与话语的深层次结构共生。"托多罗夫用话语谈论文学话语，话语与话语之间产生呼应、回答，这本身就是一种对话。

第三，从关系上来看，对话是一种交流模式的隐喻，是一种相互关系结构的

---

[①] *Devoirs et Délices. Une vie de passeur*, Seuil, 2002, P193.
[②] *Devoirs et Délices. Une vie de passeur*, Seuil, 2002, P194.

体现，暗含着一种尊重、理解、反应、互动的形式。在其学术生涯中，托多罗夫无论是坚定地站在结构主义批评阵营的前期，还是走出阵营的后期，都处在一种对话关系当中，是与对立阵营进行互动对话的体现，因为"生活于对话之中的存在者，即使处于极端排斥他物的状态之中，也能接受到一种严格而强烈意义的相互性"①。反过来说，正是因为与他物的对话和感受到的相互性，托多罗夫有时才会极端排斥对立的他物。此外，托多罗夫在文学批评活动当中还提出了对话批评的概念。对话批评作为他提出的一种文学批评方式，借鉴自前章所述及的巴赫金对话思想。这种批评方式，究其原型，是对人们语言活动中的对话行为的借用，也就是说也是一种比喻性的概念，其实质仍然是一种"关系结构"，一种"交流模式"。②

对话可以是针锋相对、锱铢必较的对话，也可以是彼此尊重、和谐发展的对话；那么对话所体现的关系，则可以是对立、对应、对等，也可以是对立后的超越、发展。如果说在前期，托多罗夫更多地是体现出对话中对立的关系的话，那么在后期，则更多地体现出对话的超越关系。对话是对两个及以上独立而对立的个体、事物的超越。托多罗夫正是借助对话，超越了自己身上所具有的两种对立的属性。他提出的文学的对话批评就是对外在批评和内在批评进行超越的尝试。同样地，他也用对话跨越了不同的理论、学科和研究领域。对话不仅是两个或以上个体事物你来我往的交往，在对话中，原有的个体都发生了改变，都超越了自己。托多罗夫本人就是在对话中发展了自己的思想，使得自己的学术生涯不断地向前发展。这种形式的对话关系是承认差异、承认他者；同时又不盲从的精神的体现。托多罗夫本身具有双重属性，"他性"是其生存的本质，在面临多重文化多元化的环境下，是以他者为中心全盘同化？还是以自我为中心固守一隅？托多罗夫秉持了对话精神，就是在承认自我与他者的差异的前提下，愿意理解他者，并与他者进行交流，实现两者的共同发展。

此外，对话所体现的关系，可以是空间上的，也可以是时间上的，还可以是

---

①马丁·布伯：《人与人》，张见、韦海英译，史雅堂校，北京：作家出版社，1992年，第32页。

②杨蠡：《对话诗学》，北京：人民出版社，2009年，第23页。

对话主体自身内在的。空间上的对话关系表现为对话者的同时共存，大多数对话均是这种空间上的对话，比如托多罗夫与学术界同行的交流对话就是处于同一空间的对话交流。时间上的对话关系则是对话者之间的前后相继，这种对话弥补了空间上的不足，使得不同时代、不同地域的对话者可能产生对话，比如，托多罗夫与大多数的俄国形式主义者以及巴赫金并不处于同一空间，但仍然与他们产生了对话关系。对话主体自身之内的对话则不停在发生，它是具有他性的主体内部不停地反思、发展的形式和动力，对于具有双重属性的托多罗夫来说，更是如此。很多时候，这三种对话关系同时共存，然而，无论是空间上的对话，抑或是时间上的对话，最终结果都是促进对话主体自身内在的对话关系，使其得到发展。

然而，我们必须看到，尽管对话在托多罗夫的学术生命中如此重要，但他并没有就对话提出抽象的、思辨的理论体系。他的对话，首先是一种实践，这是一种从不自觉到自觉、从无意识到有意识、从现实到概念、从实际到隐喻的不停的实践活动，他的所有研究都可以看做对话，全部思想都来自对话。正因如此，除了用对话来定义托多罗夫的探索行为，我们很难用别的来概括他的作品及著作，——因为，对话，如前章所说，总是开放的和无止尽的，因而也是不成系统的。

因此，本书尝试以对话为核心，从"对"、"话"、"人"三个要素对托多罗夫的思想进行解读。笔者并不妄图提供托多罗夫的传记，也不是他每部作品的概要解说——那太多了！——也不是20世纪下半叶的人文思想史。与他同时代的其他大思想家比起来，托多罗夫的文笔并不晦涩难懂，思想也并不抽象深邃。至始至终，托多罗夫并没有创造出标新立异的术语，没有构建令人望而生畏的体系。他之可贵，在于其作品与生活的联系，与学术界、思想界的对话，在于对已有思想、概念的对话式的解读，在于其在对话中发展自己的思想。

因此，本书以对话为主题，在行文和章节安排上，基本上按照托多罗夫思想发展的时间顺序来组织，兼顾对对话三个要素的分别剖析。除前言外，全文分六章。第一章介绍托多罗夫对俄国形式主义的接受和对话。第二章、第三章侧重对话中的话语要素，探讨托多罗夫如何将文学与语言、话语进行同一性的构想：第二章以其早期在语言学系统内部对文学理论的探索和对话为中心，阐释其诗学理

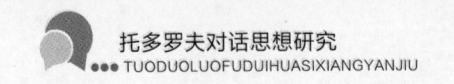

论话语的建构、叙事句法的尝试和体裁理论的构想；第三章介绍其对话语的生产史和接受史的思考。第四章、第五章则侧重托多罗夫如何在对话的基础上形成自身的对话批评理论：第四章是托多罗夫对巴赫金的接受和理解，以及其在理解的过程中发展自己的思想；第五章重点介绍他的对话批评。第六章则将重点放在对话中的人这一要素上，阐释并分析托多罗夫对自我与他者这一他性的看法。

托多罗夫的作品涉及的学科众多，限于笔者的学识和能力，笔者的重点将放在文学方面，对其在哲学伦理学方面也将提及，但失之单薄，望读者见谅。

本书中引用的托多罗夫的文章除少数注明外，其余均翻译自法文原文。因此本文的主要研究方法是文本解读，正是在阅读原文的基础上，对托多罗夫的思想或阐释，或解读，或分析，或归纳，以期提出自己的微薄见解。除此之外，笔者也试图将托多罗夫的思想与其他相关的思想家进行对照，以凸显其特异性，使其思想的个人形象更鲜明。

# 第1章 与俄国形式主义的对话

## 1.1 对话的对象

在很长时间里，托多罗夫都被视为俄国形式主义在法国的代言人。究其原因，俄国形式主义首先是青年托多罗夫介绍到法国来的，也是后者文学批评生涯的起点和跳板。从20世纪60年代的《文学理论》到80年代的《批评之批评》，以及21世纪初的《濒危的文学》（*La Littérature en péril*），它或隐或现地贯穿在托多罗夫的作品当中，对托多罗夫影响之深，不可言说。俄国形式主义运动中的两个"先锋"人物——雅各布森（Jakobson）和巴赫金，都直接或间接地激发了托多罗夫的灵感，对他的文学批评生涯起了决定性的作用。

形式主义这个术语是由形式主义者的对手创造的一个贬义词，指的是1915年到1930年间俄国的一个文学批评流派。它发轫于两个文学团体：莫斯科语言学学会和诗歌语言研究社。1914年到1915年冬天，几个"艺术和科学的年轻探索者"，为了"促进语言学和诗歌"的研究，成立了莫斯科语言学学会。那时年仅18岁的雅各布森担任了这一学会的会长。几个未来派诗人赫列伯尼科夫（Khlebnikov）、马雅可夫斯基（Maïakovski）、克鲁切尼赫（Kroutchenykh）都是其中的成员。诗歌语言研究社，简称"奥波亚兹"（Opoïaz），因为其在1915年到1917年十月革命之前在彼得格勒出版的第一部关于诗歌语言理论研究的文集而为人所知。它的创始人是什可洛夫斯基（Victor Chklovski），当时他是圣彼得堡大学的大学生，他写的《艺术作为手法》（*L'Art comme procédé*）被认为是这个团体的宣言。在布里克（Ossip Brik）的倡议下，这个研究会和莫斯科语言学学会的合作很紧密。不过所有这些探索到了20世纪20年代末都终止了。

俄国形式主义对文学作品的形式、文学的特质和规律的关注，打开了文学研究的新天地，并随着形式主义理论家们自身向国外（布拉格、巴黎等地）的迁移，带动了西方文艺理论的革命性变革。荷兰学者佛克马（Douwe Fokkema）就说："欧洲各种新流派的文学理论中，几乎每一流派都从这一'形式主义'传统中得到启示，都在强调俄国形式主义传统中的不同趋向，并竭力把自己对它的解释，说成是唯一正确的看法。"①

---

① 佛克马、易布思：《20世纪文学理论》，上海：生活·读书·新知三联书店，1988年，第13-14页。

作为文学批评理论创新的源头,俄国形式主义的命运却极其坎坷。从时间上来看,它诞生于世纪之初,然而它的再发现和影响却被推迟到20世纪60年代。在托多罗夫的《文学理论》出版之前,这个"形式主义"运动在西欧和美国几乎无人知晓。就连托多罗夫自己,在到达法国之前,也对这一学派没有全面的了解,尽管其中的一些文章曾经出现在他父亲的图书馆里。这是1963年到1964年间,托多罗夫到巴黎后不久,无意中看到了维克多·埃尔利克(Victor Erlich)在1955年出版的《俄罗斯形式主义》(*Russian Formalism*)(Mouton,1955),这是第一本关于俄国形式主义的专题著作。托多罗夫那时觉得是"真正的发现,好像拉开了一个至今为止人们不曾知道的世界的帷幕"①。在这种发现的推动下,他接受了热奈特的提议,出版一本法文版形式主义文选,以便让法国知识界了解俄国形式主义,这就是1965年瑟依出版社出版的《文学理论》。

在这本书里收集了十四篇文章,托多罗夫编选时将其分为两部分,一部分是关于"文学研究"的,其中包括作为形式主义纲要的艾亨鲍姆(B. Eichenbaum)的《"形式方法"的理论》(*La théorie de la «méthode formelle»*)、什可洛夫斯基的《艺术作为手法》等;另一部分是关于"文学本身",包括艾亨鲍姆著名的《果戈理的<外套>是怎么写成的》(*Comment est fait Le Manteau de Gogol*)和普罗普(V. Propp)《神奇故事的转化》(*Les transformations des contes merveilleux*)。托多罗夫还在文前加了十来页的介绍,雅各布森给这本书写了题为《走向诗学科学》(*Vers une science de l'art poétique*)的前言。

为什么托多罗夫选择了俄国形式主义作为他批评生涯的起点呢?他来到法国,这个"资本主义"国家是文学的殿堂,具有光辉的文学历史,而他却又回头扑向了一个来自共产主义制度国家的文学批评流派。乍看起来,这是一个颇带悖论的现象。托多罗夫在很多书里都对这一"悖论"做了解释(看来他自己也觉得这需要解释)。那时的保加利亚是东欧共产主义国家集体中的成员,而托多罗夫虽然钟情于文学,却对处于"铁幕"下的文学生存状态并不赞同,非常想逃避这让人窒息的控制,自由自在地表达对文学的热爱。于是,托多罗夫找到了一个灰色地带,这就是"在文学作品中,只关心那些文学文本的本身物质形态、语言形式。"② 他觉得,如果只关注纯粹的文学技巧,逃到文本内部去,去研究文本内部的语法、节奏,就可以逃避现实的思想枷锁。俄国形式主义因此成了一

---

① *Devoirs et Délices. Une vie de passeur*,Seuil,2002,P77.
② *Littérature en péril*,Flammarion,2007,9.

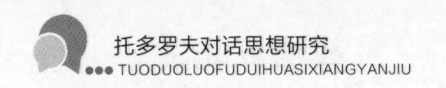

个很好的突破口。

此外，托多罗夫个人本身也有理解一切解释一切的愿望，他非常想描述文学的运作。不过他认为要进行这项活动，首先必须要找到一个好的工具，才能弄清楚一个文学作品是怎样打造出来的。这个工具必须是严密的，逻辑性的，科学的。因此他选择了文学的形式分析，这个曾经被形式主义理论家实践过的方法。这一方面，也可以说，他对形式主义的迷恋也是对他母国文学研究方法的一种反作用力的结果：在保加利亚，文学史只是叙事事件，根本外在于文学文本。"在这种情况下，我觉得有必要补充文学研究中极为缺乏的部分，有必要坚定地研究当中的盲点。"①

差不多半个世纪之后，托多罗夫对自己当初选择俄国形式主义作为自己研究生涯起点的原因作了一个总结：

> 我的选择是被预先注定的：首先是意识形态的统治，它促使我逃离观念的斗争，去寻找一条将其搁置一边的研究途径；然后是对严谨知识的追求，它让我想进入文学内部，对文学的激情和了解文学的激情两者融为一体了。②

其实，在我们看来，这两个原因其实是合二为一的：人们通常是在科学的名义下，摈弃意识形态的干扰。因为科学精神似乎就是冷冰冰的，用数字和实证说话，是不受外界影响的，是非意识形态化的。那么选择用科学研究文学，当然也就避开了意识形态的干扰了。

托多罗夫提出的这些原因似乎很能说明他当初的选择了。然而，如果我们多问一句：在文学研究中，只侧重作品而不谈作品外部因素是只有俄国形式主义一家吗？托多罗夫在《文学理论》的前言中说："我们很快发现，这些观点大部分不能自认为是完全新颖的东西。把文学作品作为注意的中心，不带偏见地研究文学作品的内容和结构，各个时期、各个国家的思想家都曾这样做，得出过与形式主义相近似的结论。这些人往往是创作者，而不是评论家，比如在法国，马拉美（Mallarmé）、安德烈·纪德（André Gide）、马塞尔·普鲁斯特（Marcel Proust）几乎在同一个时期，常常对文学艺术有同样的看法；而瓦莱里（Valéry）的相应

---

①Dosse, *Histoire du Structuralisme*. 1, *Le champ du signe*, 1945-1966, La Découverte, 1992, P378.

②*Devoirs et Délices. Une vie de passeur*, Seuil, 2002, P71.

看法更为突出,从他的理论见解上看,他就像是一个非常出色的'形式主义者'"①。那么,他既然来到了法国文学的殿堂,为什么不就近取材,研究和形式主义者有着相近看法的马拉美、瓦莱里等人呢?

所以,对我们来说,在托多罗夫有意识的选择之外,还有一个无意识的原因,这就是托多罗夫运用对话策略,与法国文化圈进行对话的工具和成果。

尽管托多罗夫在来到法国之前,就已经接受了高度教育并学习了法语,而且生活上有他姑妈提供的奖学金,生活无虞,可归根结底是个"失却家园的人"。他的情况我们可以想到:远离了原有的亲友,脱离熟悉的生活环境,失去了旧有的社会地位,而在异乡生活不顺,低人一等,缺乏交流,无法融入,等等。应该说,托多罗夫作为一个外国人,在法国受到的阻难并不大,然而,他仍然无法完全避免这些身在异乡人都会遇到的困境。在《失却家园的人》一书中,他说过:"1963年来到法国,我什么都不懂。我是个外国人,对于身处其中的法国社会是逐步了解,慢慢熟悉的;与其接触,我不是一步贴近,而是经历了从'outsider'到'insider'的一个逐渐过程(out和in,外和内的确立总是相对的)。"② 他在很多访谈和自己的传记中提到了自己在法国高等教育体系前的茫然无措:他觉得自己很难找到其中的方向,想找到一条自己感兴趣的路径很难。20世纪60年代,法国结构主义运动如火如荼,罗兰·巴尔特的声誉如日中天,可是这些初到法国的托多罗夫却并不知晓,他在去法国之前连罗兰·巴尔特的名字都没听说过,尽管后者的研究和他感兴趣的领域相关。他在其中寻寻觅觅,却不得门而入,深感挫折。尤其当他找到索邦大学的文学院院长、历史学家安德烈·艾马尔(André Aymard),对安德烈说他想研究文学本身,研究文学理论、普通文体学的时候,他感受到的挫折感更深:安德烈"看着我(托多罗夫)仿佛来自另一个星球,冷淡地对我说,在他的学院里没有人从事文学理论研究,也不会有人去从事"③,至于文体学,需要明确是哪种语言的文体学。托多罗夫那时觉得"陆地正在脚下失去"④,他不敢肯定地说研究法语文学,因为他那时正在"用比平常错误更多的法语结结巴巴地"⑤ 说话,安德烈肯定会要他去先学习语言。事实是,院长

---

① *Théorie de la littérature*, Seuil, 1965, P19.
②《失去家园的人》,许均、侯永胜译,台北:桂冠图书股份有限公司,2004年,第5-6页。
③ François Dosse, *Histoire du Structuralisme. 1, Le champ du signe*, 1945-1966, La Découverte, 1992, P230.
④ *La littérature en péril*, Flammarion, 2007, P11.
⑤ *Devoirs et Délices. Une vie de passeur*, Seuil, 2002, P72.

"居高临下地看着我，建议我最好去研究保加利亚文学"①。

这场"聋子间的对话"是反映托多罗夫初到法国遭遇的最好例子：他和所有背井离乡的人一样，碰到了语言能力的障碍和思想观念、文化的障碍。因为语言障碍，他无法领略法国文学当中的细微精奥之处，当然更无法进入法国社会的传统文学批评空间。他限于失语、独语的状态，无法与人交流对话。

然而，身处异国他乡，失语、独语只会沦为精神世界的孤魂野鬼，最终被异域的领土埋葬。所以托多罗夫积极地寻找着自己的对话者，他通过父亲的关系，与索邦图书馆馆长建立了联系，投身于图书馆的藏书，在书中寻找现实生活中缺乏的交流对话，就这样发现了俄国形式主义。同时，他也碰见了俄国形式主义的杰出人物——雅各布森，和后者有了深入谈话，正是和后者的对话，启发了他，使他想将那曾经灿烂的思想进一步推广开来，有更多的对话者和关注者。

当然，我们这里的对话既是一种现实的对话，也是一种隐喻性的对话：它既暗示着托多罗夫对俄国形式主义的理解和重新阐释，也暗示着托多罗夫与法国知识圈的交流。对话，必然是两者之间话语的交流，首先说话者有话要说，而且也要有人去听，并做出回应。换言之，说话的人总是对他的听众来说什么，因此，说又有赖于听。没有听，说就变得毫无意义了。这就是海德格尔所说的听—说关系，这是对话的必要条件。显然，听众的期待暗示了说话的意图，说话者根据听众的期待选择了话语的主题，这样对话者之间有着一个共同的主题，围绕着一个共同关心的话题提问、回答、解释、阐发。如果对话参与者各说各的，对话主题毫不相干，那么对话将最终沦为个人的独语。而托多罗夫在俄国形式主义当中找到了与法国结构主义文学批评一个共同的主题，就是科学精神照耀下的"结构"：托多罗夫把俄国形式主义看做是结构主义的源头，研究前者，就是要"以创造性的新飞跃来重温、重新阐释并发展20世纪20年代苏联语言学和美学真正的成就，把这些成就与现代的语言学和符号学潮流加以对比，并将它们纳入今天的概念体系"②。从某种意义上说，俄国形式主义是托多罗夫与法国知识界对话的媒介，通过译介形式主义理论，他找到了结构主义的理论源头，拓宽了结构主义的研究领域，扩大了形式主义的影响，同时也进入了法国文学批评界。所以，托多罗夫之所以选择俄国形式主义，除了他所解释的原因外，我们认为还有一个原因，这是一个优秀对话者的对话策略选择的结果，尽管他自己也许并没意识到。

---

① *La littérature en péril*, Flammarion, 2007, P12.
② Jakobson, Vers une science de l'art poétique, in *Théorie de la littérature*, 1965, 2001, P11.

## 1.2 接受的对话

那么托多罗夫是如何"重新阐释"俄国形式主义,并将其"纳入今天的概念体系"的呢?

首先,托多罗夫在编选《文学理论》的时候,占首位的是散文理论而非诗歌理论。其原因,他解释说:"这个集子主要面向那些不一定非常熟悉俄国语言文学的读者……诗歌理论即使不至于无法理解,也会因为翻译而遭受更多损失。俄语和法语的音位学和韵律学系统大不相同,因此不是内行的读者很难理会。"①在这里,托多罗夫的取舍与尧斯(H. R. Jauss)所提出的接受美学中的"作品效果"概念不谋而合。在接受美学中,文学是一种交流活动,它不仅仅是一个简单的生产作品,也是社会的一个生产要素。为了让自己的作品作为一个生产要素参与文学创作的再生产,对社会产生更大的效果,同时考虑到自己作品的读者和对话者,托多罗夫采取了措施,让法国读者更容易理解,得到更大的回应。

除了文集内容的取舍,托多罗夫采取了更灵活的技巧来介绍形式主义:他大胆地宣称法国知识界流行的结构主义源头就是形式主义。如果深究,我们发现形式主义并没有使用"结构"(structure)、"结构主义的"(structural)等一类术语。尽管什可洛夫斯基、蒂尼亚诺夫(Tynianov)也提到"结构",但却没有明确使用"结构"一词②。弗朗索瓦·多斯研究了"结构"、"结构主义"术语的发展:"结构"一词首先具有建筑学意义,到了 17 和 18 世纪,意义有所改变和拓宽,不过这个术语应用到人文科学领域是在 19 世纪;至于"结构主义"(structuralisme)在全部人文科学的大规模应用来自语言学的发展:索绪尔(Saussure)在其《普通语言学教程》中只使用了三次"结构",他更倾向于使用"系统"(système);而布拉格语言学派喜欢使用"结构",将"结构"和"结构主义"的术语大大扩展了。1939 年,丹麦语言学家叶姆斯列夫(Hjelmslev)创建了《语言学学报》(Acta linguistica),其第一篇论文就是《结构主义语言学》

---

① *Théorie de la littérature*,1965,P22.
② 托多罗夫在翻译时将此"结构"译为 construction 而非 structure。从多斯的分析来看,应该不是同一术语。

(linguistique structurale)。① 本维尼斯特（Emile Benveniste）著文详细分析了语言学中"结构"一词的含义，认为"结构"这一词和系统内部的"关系"紧密相连。② 不管怎么说，这两个术语正是从结构语言学起获得了飞速的发展，并成为20世纪中叶人文科学的核心术语。

追溯"结构"和"结构主义"的历史，我们可以发现托多罗夫的大胆之举：他通过术语的转换，将当时流行的"结构主义现象"归功于俄国的形式主义先驱，使两者联系起来，并暗示：研究俄国形式主义，也就是研究法国结构主义。

托多罗夫的这一意图，在其《俄国形式主义方法论上的遗产》（*L'héritage méthodologique du Formalisme*）一文中体现得更明显。这是一篇介绍俄国形式主义的文章，写于1964年，正是他刚刚开始发现俄国形式主义的时候。托多罗夫在文章里明确宣称，文学的结构研究"无论是总体原则还是某些分析技巧都存有形式主义的影响"。他首先将布拉格语言学派和俄国形式主义联系起来。在他看来，这两者之间有着紧密的关系，无论是从参加人员上来看还是从出版物来说：雅各布森、托马舍夫斯基（B. Tomachevski）、鲍嘉耶夫（P. Bogatyrev）几乎是同时或者相继参加了这两个团体，而布拉格语言学派对俄国形式主义出版的作品也是熟知在心。而布拉格语言学派是"结构主义语言学最早的学派之一"，由此，托多罗夫的言下之意就是，俄国形式主义是结构主义的源起。然后，他对比了形式主义和结构主义语言学的主要成果，得出结论说："真正的文学研究，就是今天所称的文学结构研究"，是应该归功于俄国形式主义的方法论上的遗产。③

一为"形式"，一为"结构"，其间确有共同之处，然而其中差异也不仅仅是术语的不同。形式主义者普罗普和结构主义者克洛德·勒维－斯特劳斯之间的论战就很能说明问题。后者在看了普洛普《民间故事形态学》（*Morphologie du conte*）之后，对书中前言中宣称他"运用和发扬"了普洛普的方法一说非常反感，专门写了一篇文章《结构和形式》（*Structure et forme*），对形式主义和结构主义的差异进行论证。他不否认借鉴过形式主义，然而，他认为，两者在对待"具体"这一概念上态度不同："与形式主义相反，结构主义并不将具体和抽象对立起来，也不承认抽象先于具体。形式是在与外在于形式的材料的对立中定义起来

---

①François Dosse, *Histoire du Structuralisme. 1, Le champ du signe*, 1945-1966, La Découverte, 1992, P12.
②埃米尔·本维尼斯特：《普通语言学问题》（选译本），王东亮等译，北京：生活·读书·新知三联书店，2008年，第173-182页。
③*Poétique de la prose*, Seuil, 1971, P9-10.

的；而结构并没有明显的内容，结构就是内容本身，这内容在作为真实属性的逻辑组织中为人所理解。"①

这一论战，让我们能了解形式主义与结构主义的区别，不过，在托多罗夫那里，他侧重的却是两者的相同之处。也许，诚如托多罗夫所说，我们确实可以在俄国形式主义那找到"结构"的源头，但我们好奇的是，为什么他如此费力地想证明这种联系？这一举动，当然来自其与法国同行进行对话的迫切愿望。那时的托多罗夫，甚至还没有"研究过法国文学"，"只了解斯拉夫文学"②，对于一个那时还不是很了解法国文学宝库的年轻外国学者来说，如何融入法国的知识文化圈呢？怎么才会让自傲的法国人去了解一个来自苏俄国家的文学作品和文学理论呢？托多罗夫做了很好的尝试。他选择了一些具有国际声望的作品（比如分析果戈理《外套》的作品），而且选择了和法国思想界相关相近的领域，找到了两者其中的纽带："结构"方法。这种方法，在法国的知识生活当中已经有了越来越多的追随者，而它正是起源于俄国形式主义先驱们在文学研究当中开创的方法。托多罗夫所做的重新阐释，正是想使俄国形式主义融入当时流行的思潮，同时也使自己融入法国的文化生活圈。

## 1.3 对话的影响

那么，俄国形式主义究竟对托多罗夫早期的文学批评生涯产生了什么样的影响呢？

对托多罗夫来说，俄国形式主义的发现强化了他把文学看做一个独立体、进行文学科学研究的兴趣，也让他看到了文学研究摆脱意识形态的一个范例。正如艾亨鲍姆在《"形式方法"的理论》中声称的那样，形式主义的愿望，是"根据文学材料的内在性建立一种独立的文学科学"，其唯一目标，是"从理论上和历史上原原本本地认识属于文学艺术的事实"。③ 形式主义对文学研究中越来越强大的哲学倾向和宗教倾向十分不满，出于一种反作用力，他们想斩断"作品和审

---

① Jean Verrier, *Tzvetan Todorov. Du formalisme russe aux morales de l'histoire*, Bertrand-Lacoste, 1995, P45.
② *Devoirs et Délices. Une vie de passeur*, Seuil, 2002, P72.
③ *Théorie de la littérature*, 1965, P31.

美、美的科学、哲学以及心理分析之间的联系"①，同时，把艺术和心理意识形态分离开来。对他们来说，文学研究必须要"注重事实，远离总体的系统和问题，从任意一点出发，接触艺术事实"②。正如雅各布森的名言："文学科学的对象不是文学，而是文学性（littérarité），也就是使一个特定作品成为文学作品的东西。"③ 正是形式主义较为成功的尝试，让托多罗夫看到了使文学研究脱离意识形态束缚、进行内部研究的可能。他觉得也可以像形式主义那样，不用去管文章的思想、人物心理、作家生平，而是仅仅去研究文学作品本身，去探讨文学创作的技巧。

其次，形式主义对文学研究科学性的设想，使托多罗夫产生了建构关于文学科学理论的兴趣。正如他所说，"在他们的作品中读到了一种'理论'构想，即建立一种诗学"④。托马舍夫斯基就写有一本书，取名《文学理论》，正是他们理论构想的一种实践。尽管这一理论构想并不是很严谨，但却鼓舞了托多罗夫。后者本来对文学的总体理论很感兴趣，在形式主义身上又看到了希望。他之后的《诗学》一书，正是沿着俄国形式主义的道路继续前进的，是后者理论构想的现实之作。

此外，我们也可以在托多罗夫早期作品中找到形式主义对语言学的重视。如何科学地研究文学？形式主义做了各种尝试，其中从语言角度切入最令人瞩目。他们从诗歌语言和日常语言的关系、诗句中的声音结构、声调旋律、格律和节奏、语法、修辞以及语义等语言学角度对文学进行科学的研究，将艺术作为一种可以用语言学进行"制作"的成品展示出来。形式主义对语言学的重视，直接启迪了托多罗夫。在他早期的文艺批评著作中，我们可以看到他继承了形式主义运用过的工具——语言学，将语言学的分支句法学、语义学、语用学运用到文学批评当中，在句法学基础上研究叙事学，用语义学和语用学研究叙事体裁尤其是幻想体裁。

总之，俄国形式主义是托多罗夫踏入法国文化圈的第一个研究对象，也是其研究的起点。在很长时间里，托多罗夫的文本当中，不停地出现形式主义的名字。他从后者那汲取了营养，借用了工具，开始从事专业的文艺批评。

---

①Jean-Yves Tadié, *La critique littéraire au XXe siècle*, Pierre Belfond, 1987, P18.
②*Théorie de la littérature*, 1965, P35.
③*Théorie de la littérature. Textes des Formalistes russes*, Seuil, 1965, 2001, P35 – 36.
④*Critique de la critique. Un roman d'apprentissage*, Seuil, 1984, P17.

# 第 2 章

## 文学语言系统内部的对话

任何一个理论的提出，都不是突然的，都需要各种理论的准备和条件；任何一个理论的建构，也不是一蹴而就，而是有一个长期的思考、酝酿和成熟的过程。托多罗夫在20世纪80年代初提出文学对话批评，是其从60年代以来长期坚持文学思考和文学批评实践的结果。在将近二十年的时间里，他的思考局限在自索绪尔以来的语言系统内部，试图将语言科学理论和文学理论对应起来思考，找出两者的对应关系，用语言学理论解释文学理论。

## 2.1 科学主义与人文主义的对话

"20世纪，文学批评第一次试图与自己分析的文学作品平起平坐。"① 让—伊夫·塔迪埃（Jean Yves-Tadié）在《20世纪的文学批评》前言里的第一句话就阐述了这样一个事实。确实，20世纪是一个文学批评的世纪，形形色色的文学批评流派和术语层出不穷，从世纪之初的俄国形式主义到德国的罗曼文献学，从精神分析批评到接受美学，从存在主义到结构主义，这些新思想、新理论各领风骚，令人目不暇接。

美国学者艾布拉姆斯在其著名的理论著作《镜与灯》中，发现了文学的四大要素：作家、作品、读者和世界。他通过研究，对文学批评理论的局面指出："尽管任何像样的理论多少都考虑到了所有这四个要素，然而我们将看到，几乎所有的理论都明显只倾向于一个要素，就是说，批评家往往只是根据其中一个要素，就生发出他用来界定、划分和剖析艺术作品的主要范畴，生发出藉以评判作品价值的主要标准。因此，运用这个分析图示，可以把阐释艺术品本质和价值的种种尝试大体划为四类，其中有三类主要是用作品与另一要素的关系来解释作品，第四类则把作品视为一个自足体孤立起来加以研究，认为其意义和价值的确不与外界任何事物相关。"②

韦勒克（Wellek）和沃伦（Warren）合著的《文学理论》里则把这些批评理论简化成两大类，分为"外部研究"与"内部研究"。文学和传记、心理学、

---

① Jean-Yves Tadié, *La critique littéraire au XXe siècle*, Pierre Belfond, 1987, P9.
② 艾布拉姆斯，《镜与灯：浪漫主义文论与批评传统》，北京：北京大学出版社，1989年，第6页。

社会、思想以及与其他学科的关系之类的研究都属于"外部研究"。外部研究的弊病在于:"虽然'外在的'研究可以根据产生文学作品的社会背景和它的前身去解释文学,可是在大多数情况下,这样的研究就成了'因果式'的研究,只是从作品产生的原因去评价和诠释作品,最后把它完全归结于它的起因。"① 而"内部研究"是以"解释和分析作品本身"为出发点的研究,把艺术作品看成是一个"为某种特别的审美目的服务的完整的符号体系或者符号结构"②。他们进一步把文学作品分为四个层面,即"(1)声音层面,包括谐音、节奏和格律;(2)意义单元,它决定文学作品形式上的语言结构、风格与文体的规则,并对之做系统的研讨;(3)意象和隐喻,即所有文体风格中可表现诗的最核心的部分……(4)创造与象征和象征系统中的诗的特殊'世界',我们称这些象征和象征系统为诗的'神话'"。③

文学批评外部研究和内部研究的对立,只是表面现象,究其思想实质,是隐藏在其后的人本主义与科学主义两大思潮的对立。朱立元在其主编的《当代西方文艺理论》中指出,当代西方哲学思潮大体上可以分为人本主义与科学主义两大思潮,受到这两大思潮的影响,当代西方文艺理论也大致可以分为这两大阵营。④ 在人本主义方面,以象征主义、意象派诗论、表现主义、精神分析、存在主义、西方马克思主义文论为代表,它们把人放在文学批评的中心,侧重关心人的生存,面对资本主义社会所造成的人的全面异化,希望找出人摆脱异化、走出困境的途径,这样的文艺批评理论或沿袭传统的批评理论,对作者的生平、创作源泉、历史影响等进行实证研究,或另辟蹊径,对作者的意识和潜意识、作者在社会历史中的存在、与意识形态的关系进行解剖,或者对作品的意象进行阐释。在科学主义方面,以俄国形式主义、英美新批评、法国结构主义、解构主义以及符号学、叙事学为代表。形式主义主张建立一门文学科学,要以科学的方法研究

---

① 勒内·韦勒克、奥斯汀·沃伦:《文学理论》(修订版),刘象愚等译,南京:江苏教育出版社,2005年,第74页。
② 勒内·韦勒克、奥斯汀·沃伦:《文学理论》(修订版),刘象愚等译,南京:江苏教育出版社,2005年,第157页。
③ 勒内·韦勒克、奥斯汀·沃伦:《文学理论》(修订版),刘象愚等译,南京:江苏教育出版社,2005年,第174页。
④ 朱立元:《当代西方文艺理论》(第2版增补本),上海:华东师范大学出版社,2005年,第2页。

文学的内在问题；英美新批评则毅然割断文本与作者的"意图谬误"和文本与读者的"感受谬误"，把文本作为一个独立的对象进行研究；结构主义则试图找出隐藏在文本表层结构下的深层意义或结构模式。科学主义和人本主义的对立，实质就是在对"人"的看法上的对立：人本主义标榜传统人文主义，以人为中心，张扬人性的方方面面；而科学主义则要把人排除在科学研究之外，高举"人之死"的旗帜，反对"过时"的人文主义。

  科学进入文学研究领域，是随着语言学的发展而发展起来的。一般而言，在自然科学当中，科学占统治地位毋庸置疑，然而，在人文科学研究领域，却很难运用。20世纪之前，以圣伯夫、泰纳和朗松（Lanson）为主的实证主义，其实是科学精神在文学批评当中的体现，他们以"真实"为基础、以考证为先行，通过考证作家的生平、气质、爱好来探究作品的创作源泉，或者考证作家的生活环境、时代背景和历史影响来分析作品的审美。然而，这种建立在科学理性基础上的文学批评方法从诞生之初就受到了众多的批评，以普鲁斯特为代表的作家就严厉抨击了圣伯夫，他在《驳圣伯夫》中说"一本书是另一个'我'的产物"，"生活不能分析作品，因为，恰恰是创造性的行为意味着作家要与日常生活的时间脱钩，进入到作品的时间里去。"① 而进入到作品里去，如何"科学地"研究作品呢？由瑞士语言学家索绪尔《普通语言学教程》开启的现代语言学的发展提供了一个进行文学"科学"研究的良好工具。

  依后人看来，索绪尔提出了现代语言学的四项法则，"分别是：一、历时与共时方法；二、语言与言语；三、能指与所指；四、系统差异决定语义。"上述法则，如今通称"四个两项对立"②。具体来说，索绪尔一反传统语言学中侧重历时研究方法，而转向静态的共时研究；他把语言看成是符号构成的密封的系统，把言语、符号意义一脚踢出了系统研究的密封圈，而侧重于研究系统内部的语言和符号，认为"语言是一种表达观念的符号系统"，"语言不是说话者的功能，它是个人被动地记录下来的产物。……语言和言语不同，它是人们能够分出来加以研究的对象。"③ 语言学唯一而真正的研究对象，就是语言。在索绪尔看来，语言学要成为一种科学，就要有严格规定的研究对象。而他驱除了外在于语

---

①Bonnefoy, *Panorama critique de la Littérature Moderne*, Paris, Belfond, 1980年, P92 – 93.

②赵一凡：《结构主义》，见《西方文论关键词》，赵一凡等主编，北京：外语教学与研究出版社，2006年，第250页。

③索绪尔：《普通语言学教程》，高名凯译，商务印书馆，1980年，第35 – 37页。

言的说话主体、言语的人，驱除了外在于语言的言语意义、历史变化和社会心理，把研究对象仅仅限制在语言之内，这样语言学的研究范围和对象得到了严格界定，也就获得了科学的身份。"陈述的主体终被摆脱，人们对科学所抱的希望高入云天。"[1] 与此同时，也就种下了人的死亡的命题和理论上的反人本主义命题的种子。

索绪尔所提出的语言科学纲要开启了现代语言学的大门，语言学的各个分支、各种理论，从此得到了飞速发展，语言科学做了一个完美的大变身，成为了各门科学的领头羊。哲学史上产生了第三次转向，也就是"语言学转向"。其他传统的人文科学心理学、社会学、人类学、历史学、神经科学、精神分析学、逻辑学，甚至现代数学都纷纷和语言学联系起来，借助于语言将自己"科学"地武装起来，希望用零碎而又详尽的、可证实的客观论证分析代替以往单凭个人经验的、靠主观思辨的、依靠心理直觉的笼统概括。一直作为人文科学的文学研究也看到了"科学化"的希望，希望用科学的语言学来进行科学的文学研究。"一门人文科学第一次可以达到那样的严谨：这是一种清晰的、可论证的、可重复的、可再生产的话语。"[2]

用科学主义和人本主义来笼统地概括纷繁芜杂的文学批评思想，当然有点失之简约。然而，这个二分法却能让我们在总体上宏观地把握20世纪西方的文艺批评思潮，让我们找到俯瞰的视角和便捷的进入途径，才能进一步在微观上去透视理解其中的差异和细微变化。

纵观托多罗夫的文学批评生涯，他首先是站在了人本主义的反面，高举语言科学的大旗，在早期文艺批评实践当中，走的是结构主义路线。而在20世纪80年代中后期，接受对话原则之后，他发现了巴赫金和对话批评，从此秉着对话精神，希望超越这种二元对立的批评观，进行新的探索。托多罗夫的全部文学批评活动，都可以看成是人本主义和科学主义之间的对立、转换的隐形对话关系。

---

[1] François Dosse, *Histoire du Structuralisme*. 1, *Le champ du signe*, 1945 – 1966, La Découverte, 1992, P71.

[2] François Dosse, *Histoire du Structuralisme*. 1, *Le champ du signe*, 1945 – 1966, La Découverte, 1992, P232.

## 2.2　普遍诗学与个别阐释的对语

　　托多罗夫从俄国形式主义那读出了文学理论的构想，而他本人在去法国之前在索非亚大学研究的就是文学理论，有了这样的背景，他将形式主义的理论雏形"系统化和彻底化"了，尝试建构文学科学的理论，或者说诗学理论。在到法国后不久，他出版了《诗学》一书，这本书是《何谓结构主义？》丛书中的一部，是他尝试建构结构主义文学理论的代表作，也是他最广为流传的著作。与此同时，1970 年，他和热奈特共同创办了一份文学理论和文学批评的杂志——《诗学》，还出版了以"诗学"命名的一系列丛书，不断地从理论上和实践上追寻一种新的"诗学"。

　　所有的创新都从术语的更新开始，正如梅肖尼克（Meschonnic）说的那样："术语是测量智力的一个工具。"[①] 所以在讨论诗学之前，重要的是给"诗学"（poétique）这个术语下定义。

　　Poétique 这个词具有多重意义，含混不清。首先，它有名词和形容词两种词性，容易让人混淆。然而，这两种词性之间并不是一回事，不是同根词，彼此的词源是不同的。形容词的 poétique 来自拉丁语 *poeticus*，在希腊语当中是 *poiêtikos*，意思是"和诗歌相关的"，属于诗歌的、诗意的；而名词的 poétique 源自拉丁语 *poetica*，希腊语中作 *poiêtikê*（*tekhnê*），根据大罗贝尔词典的解释，指的是"创作艺术，尤其是用语言进行创作的艺术"。后者从狭义上来说，指的是诗歌理论的批评研究；从广义上来说，就是所有文学创作的总体理论。要方便地区分两个意思，可以和两者的衍生词联系起来：形容词 poétique 有一个同根词是"诗人"，而名词 poétique 则有一个新词是"诗学家"（poéticien）[②]。我们在下文中要讨论的，除非特别声明，都是作为名词的 poétique，我们翻译为"诗学"。

　　"诗学"一词倒并非新词。在西方，它可以追溯到亚里士多德的《诗学》。亚里士多德在此书中分析了几种诗歌种类：荷马的史诗、欧里庇得斯的悲剧和阿

---

[①] Henri Meschonnic, *Pour la poétique*, Gallimard, 1970, P11.
[②] Jean Verrier, *Tzvetan Todorov. Du formalisme russe aux morales de l'histoire*, Bertrand - Lacoste, 1995, P49.

里斯托芬的喜剧，并提出了这几种文学类型的普遍规律，其目的很明确，是为了建立文学的普遍理论。托多罗夫认为这是"欧洲文学理论的奠基文本"。不管这种说法是否正确，"诗学"这一术语从此与文学理论相关，无论是韵文还是散文。

亚里士多德之后，"诗学"一词的意义在历史中几经变化沉浮。皮埃尔·布鲁奈尔（Pierre Brunel）在《文学批评》（Critique littéraire）中分析后认为，在16世纪、17世纪，诗学通常偏离了亚里士多德的原意，直到瓦莱里才重新找回了这个术语的原始意义①。在瓦莱里看来，诗学即文学理论，他将其独立为一个学科，而法兰西学院在1937年为他设了诗学教席让其从教。瓦莱里首先将这个术语从其时代的通常用法中解放出来，恢复了这一术语的原始意义，也就是来源于拉丁语当中的"创造"（création）、"制作"（fabrication）的概念：

> Poétique 一词不是只让人想到陈旧烦人的规定。我认为可以重新研究与其词源相关的意义，不必害怕把它发成 poïétique 的音（……）。说到底，我想表达的是"制作"（faire）的概念。我要研究的制作，le poïein，就是最终变成某个作品，而这个作品是限定在人们称之为精神作品（oeuvres de l'esprit）的类别之内。②

根据这一定义，文学作品被看成了一个被制作的事物，而文学批评是用来描述它。当然，也可以研究正在制作中的作品或是作为一个制作尾声的作品，因为"精神作品只作为文书存在"（l'œuvre de l'esprit n'existe qu'en acte），"诗歌的制作就是诗歌"（c'est l'exécution du poème qui est le poème）。③ 如果从这个原则出发，我们就不再是把文学作品看成事物，而是从创作的角度来看待文学作品。

当然，瓦莱里关于诗学的定义在不同的文本里有点动摇。在题为《诗学教学在法兰西学院》（L'enseignement de la Poétique au Collège de France）的文章当中，瓦莱里抛出了关于诗学的第二个方案，和前者并不对立，然而又有明显的差异：

> 我们觉得诗学的名字很适合它（指一种文学理论），这不是从狭义上把诗学这个词理解为关于诗歌规律和审美格言的集合，而是从其词源上来理解这个词，它是指一切和创作、作品构成相关的东西，在这一作品中，作品的语言既是实体也是方法。④

---

① Pierre Brunel, *Critique littéraire*, PUF, «Que sais-je?», n°664, 2001, P18–21.
② Valéry, *Variété*, in *Dictionnaire Grand Robert*, volume 5, P851.
③ Valéry, *Variété*, in *Oeuvres complètes*, tome I, Gallimard, 1962, P1340–1358.
④ Valéry, *Variété V*, Paris, Gallimard, 1945, P291.

在瓦莱里的这个构想中，我们可以发现语言的重要性，而在上一个定义中这是不存在的。在瓦莱里看来，文学艺术作为语言艺术，是建立在约定俗成的规律、建立在"修辞"上的，它来自某种可以拆解的"机械论"（mécanisme）。瓦莱里认为，文学只不过是"语言某些属性的扩张和运用"，所以诗学就是分析这些属性，在语言数据中分析出潜在的文本。就这样，诗学的意义在此被缩小了，它只研究创造的方式，而不再是创造的整体维度。在此，研究诗学，就是研究语言在创作中的属性，诗学和语言学从此联系紧密。

1921年，罗曼·雅各布森那时还处在形式主义阶段，就写下了这个句子："文学研究的对象不是这个文学，而是文学性（littérarité），也就是使一个特定作品成为文学作品的东西。"这句宣言声名大噪，以至于对很多批评家来说，诗学就是文学性的同义词。梅肖尼克就这样定义诗学："文学性的研究"①。雅各布森1960年在他那篇《语言学与诗学》（*Linguistique et poétique*）的文章中明确地给出了他对诗学的理解："诗学的对象，首先就是要回答这个问题：是什么使一个言语信息变成艺术作品？（Qu'est-ce qui fait d'un message verbal une oeuvre d'art？）"②这篇用英文写成的论文在1963年被尼古拉·吕威（Nicolas Ruwet）译成法语，我们不知道他是如何用原文表达的。只不过从法文译文来看，我们发现他前后两次使用了动词"做"（faire）。这是不是意味着在他的诗学概念中也有"制作"的含义，和瓦莱里的第一个定义相似呢？雅各布森把诗学"看成语言学的组成部分"③。他提出了诗学功能，认为诗学功能就是把重点落在信息本身，落在构成信息的符号，而不是其中传递的信息内容。由此诗学在他而言，是"在词语的总体背景以及在诗歌特定背景下对诗学功能所做的语言学研究"④。他喜欢展示出"语法的诗歌"和"诗歌的语法"，挖掘诗里面语法范畴的布局、格律和诗节的关联。什么是语法？根据语言学家杰弗里·利奇（Geoffrey Leech）的观点，语法

---

① Henri Meschonnic, *Pour la poétique*, Gallimard, 1970, P174.

② Roman Jakobson, *Essais de linguistique générale. Les fondations du langage*, Minuit, 1963, P210.

③ Roman Jakobson, *Essais de linguistique générale. Les fondations du langage*, Minuit, 1963, P210.

④ Pierre Brunel, *Critique littéraire*, PUF, «Que sais-je？», n°664, 2001, P24.

学研究的就是语言的抽象形式系统①。不过，雅各布森使用的"诗学"这个词是有点模棱两可的：有时候它只和诗歌相关，有时候又指所有的文学种类。但是，瓦莱里和雅各布森在诗学观念上有几个相同的特点：他们都对文学作品的固有属性感兴趣，也都注意到了诗学和语言学之间的关系。

在参考了前人关于诗学的各种定义，尤其是瓦莱里和雅各布森的定义之后，托多罗夫试图建立起自己的诗学观。他拒绝了瓦莱里的第一种定义，但是接受了第二种，同时把俄国形式主义和雅各布森看成诗学领域上探索的先驱。

在《语言科学百科全书词典》(*Dictionnaire encyclopédique des sciences du langage*)中，托多罗夫是这样定义诗学的：

> 首先，它指一切文学内部的理论。其次，它是作者在（主题、结构、风格等）所有文学可能中做出的选择，比如"雨果诗学"。第三，它涉及到某个文学流派建立的规范和必须使用的总体实践准则。②

托多罗夫关心的只有这个术语的第一个定义。对他而言，诗学，这一术语，本身就意味着文学理论，指的就是"文学的内部理论……"。这一术语当然也还包含了其他意义，但他口中的诗学，如果没有特殊说明，都是在这种定义下的。

在《诗学》中，托多罗夫首先区分了两种文学研究的态度：阐释性的(interprétation)和科学性的(science)或者说诗学的(poétique)。

阐释性的研究，把"文学文本本身视为自足的认识对象"，"文学作品就是最终的、唯一的目的"③，其目的就是"定义所研究的文本的意义"④。而这种研究目的，因其达到的程度的差异，则包涵了两种行为：一种是"描述"(description)，就是"让文本自己说话，也就是说，忠于客体，忠于他者，因此也就抹去了主体"，这是一种客观的、肯定的、绝对的尝试，也是一种理想的目的；而另一种，则是"阐释"(interprétation⑤)，它永远也无法获得文本的"意义"（le

---

①何自然主编，谢朝群、陈新仁编著：《语用三论：关联论·顺应论·模因论》，上海：上海教育出版社，2007年，第72页。

②Oswald Ducrot et Tzvetan Todorov, *Dictionnaire encyclopédique des sciences du langage*, Seuil, 1972, P106.

③*Qu'est-ce que le structuralisme? Poétique*, Seuil, 1968, P15.

④*Qu'est-ce que le structuralisme? Poétique*, Seuil, 1968, P16.

⑤托多罗夫在此使用了同一个词，因此造成了许多研究者的误解，误认为"阐释性的"态度就是"阐释"一种行为，实则这一态度包含了两种行为：描述和阐释。

sens），而只是"其中一种意义"（un sens），这种行为是主观的，易变的，甚至有时是任意的。在托多罗夫看来，第一种行为是理想的，可也是无用的，因为理想的描述就是重复文本自身，"任何作品本身就构成对自身最好的描述"①。所以，真正理想的描述是不存在的，"一切都是阐释"②，这一阐释总是受到历史的、心理的范畴的限制。

在这，托多罗夫已经注意到了阐释目的和阐释过程的悖论，以及主体（批评家）和客体（作品）之间的悖论。不过，我们可以发现，在托多罗夫提出的作为阐释性态度的反面的第二种态度——科学性的态度中，他的论证并没有解决这一悖论。

科学性的态度，正如其名，托多罗夫试图将其定位在"科学"范畴。既然是科学，就要有研究对象，那么他的研究对象是具体的文本吗？千变万化的文本怎么可以成为恒定的对象？托多罗夫用"结构"概念解决了这个难题，认为科学性或者说诗学的研究态度，是把"每个特定的文本看成是一个抽象结构的体现"③，其目的"不再是描述单个的作品，指出其意义，而是建立普遍的法则，这个特定的文本只是这一普遍法则的产物"④。但是，不同于心理学、社会学等科学，诗学是在文学内部去寻找这些普遍法则。所以诗学是一种既"内在"又"抽象"地研究文学的方法。那么，如何研究呢？早在托多罗夫的博士论文《文学和意义》中，他就已经对诗学和某个特定作品的研究做了区分："诗学不是以描述或阐释过去作品为任务，而是研究使这些作品存在成为可能的条件。"⑤ 在《诗学》中，托多罗夫对这种诗学的态度做了详尽的解释：

> 诗学的研究对象并非文学作品本身。它所追问的，是文学话语（discours）的特性。任何作品都被看作某种抽象的、普遍的结构的体现，这一体现只是这种结构的多种可能实现形式之一而已。正因为此，诗学关心的不是现实的文学，而是可能的文学，换言之：使一部文学作品具有其特殊性的那种抽象特征，即文学性。诗学研究的目的，不是对具体作品的合理改写或总结，而是提出一种关于这种结构和文学话语运

---

① *Qu'est-ce que le structuralisme? Poétique*, Seuil, 1968, P16.
② *Qu'est-ce que le structuralisme? Poétique*, Seuil, 1968, P17.
③ *Qu'est-ce que le structuralisme? Poétique*, Seuil, 1968, P15.
④ *Qu'est-ce que le structuralisme? Poétique*, Seuil, 1968, P18.
⑤ *Littérature et Signification*, Larousse, 1967, P8.

作的理论，这一理论提出了文学各种可能的蓝图，现存文学作品只作为其已经实现的个案出现。因此，文学作品是自身之外的他物的投影，就如同在心理分析或社会分析中一样；这一他物不是一个不同的结构，而是文学话语本身的结构。特定的文本只是可供描述文学特性的一个实例。①

这段引文，比较长，但是对理解托多罗夫的"诗学"的含义非常重要。在这一段里，引起我们注意的是诗学理论和个别的文学作品的关系。我们可以找到其中三个组成成分：现存的作品、普遍抽象的结构理论，以及可能的、潜在的作品。诗学之目的，就是"提出一种关于这种结构和文学话语运作的理论"，建立"普遍法则"，描述"文学话语的特性"。在这里，托多罗夫已经预设了一种抽象的、普遍的文学法则的存在，或者说抽象结构的存在，于是一切文学批评行为都在这一预设的理论基础上生发出来。在他看来，无论是现存的作品，还是潜在的作品，都应该体现出这种结构的理论。可是，如何获得这种抽象的理论呢？则要通过已经实现的现存的文学作品了。因为这个别的作品，其作用只是例证性的，只是解释说明"普遍法则"的；也因为，在这个别的作品中，或隐或现地存在着"普遍法则"的编码和诗学特性。于是，批评家要做的，就是通过现存的作品来寻找这些编码和特性。对托多罗夫来说，"这就是一个破解密码和翻译的过程，因为文学作品是'他物'的表现，研究的目的是通过诗学编码达到这种'他物'"②。在这里，托多罗夫的科学精神发挥到了极致，他之所以充满自信地认为可以破译密码，是认为"解码的规则和作家所使用的编码规则是类似的"③。

很多人质疑这样一种抽象的、普遍的结构法则、诗学理论是否存在，因为，在传统文学批评家看来，文学作品是一个统一体，怎么可能分割成一个个抽象的概念、法则呢？托多罗夫用人体来比喻文学作品，他辩解说，即便对于人体这样一个活的、有血有肉的统一体，也可以分成血液、肌肉、神经等这样的抽象概念和结构，那么文学作品同理也存在这样的抽象诗学理论。托多罗夫据此认为，其实人们早就在没有明确说明的情况下承认了这种"抽象概念"的存在，而他之提出，只是使这种法则合法化而已。"拒绝文学普遍理论的合法性绝不等于这种

---

① *Qu'est-ce que le structuralisme? Poétique*, Seuil, 1968, P19–20.
② *Qu'est-ce que le structuralisme? Poétique*, Seuil, 1968, P19.
③ Henri Meschonnic, *Pour la poétique*, Gallimard, 1970, P24.

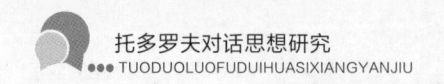

理论不存在，而是属于一种成见，这种成见导致这种理论不能明白地显露出来，无法质疑所使用概念的状况。"①

如果要比较一下诗学的研究态度和与之对立的阐释性的研究态度的不同的话，我们可以试着总结：两者的目的不同，阐释以文学作品为最终目的，而诗学则不同，其最终目的是获得一个抽象的关于文学作品运作的"普遍法则"。或者说，阐释之最终目的是理解现存的文学作品，诗学则暗示了运用所找到的普遍法则来进行文学作品的生产。

同时，两者的研究对象也不同：阐释的研究对象是个别的、单一的、特定的文学作品；而诗学的研究对象则是文学话语，通过破解文学话语的密码来找到存在于其中的特性、结构，"普遍法则"。在这里，托多罗夫无疑受到了20世纪语言学发展的鼓舞，从文学作品是由话语组成的理论基础出发，认为只要对话语进行研究，就可以找到隐藏于其间的抽象法则。两者的研究方法也因此有了区别：如果说，阐释性的研究态度更多的是主观的、经验性的分析方法的话，那么，诗学的态度则是客观的、科学的，从语言学中借鉴术语和方法来演绎文学作品的方法。

在这里，我们可以发现一组矛盾：个别的文学作品的阐释和普遍的、抽象的诗学理论。前者是我们通常所说的传统的、经验的文学批评，持这种批评观的学者批评后者只有冷淡、抽象的文学理论和无法感知确切存在的、枯燥的结构，而不顾真实的文学血肉，不顾个体文本的独特性。诗学追求普遍理论知识，碰到的却只是个别的文学作品，这两者是对立的。托多罗夫一开始极其坚定地认为诗学是文学研究的最终目的，和个别作品的阐释活动完全对立，但是在研究过程中，慢慢发生了变化，认为普遍理论和个别阐释并行不悖。托多罗夫在这里发挥了对话的本能，他试着沟通两者，让表面对立的两者统一起来。他并不认为诗学可以代替前者，诗学并不排斥阐释性的活动，而是它必需的补充："在诗学和阐释之间的关系是互相补充的关系。"② 在他看来，阐释和诗学是亲密地互相渗透的，相伴相随：没有阐释，诗学将是干巴巴的、没有效果的；没有诗学建立的理论工具，阐释就不能进行。所以，批评通常是"在诗学与阐释之间不停地来来往

---

① *Poétique de la prose*, Seuil, 1971, P243.
② *Qu'est-ce que le structuralisme? Poétique*, Seuil, 1968, P21.

往。"① 但是，他自己也承认，在这种亲密地互相渗透之中，在普遍诗学与个别作品的阐释之间是很难维持平衡的，两者的尺度很难掌握，他之所以提倡诗学，只是从战略上考虑，因为诗学在文学批评活动中的份额太少，而阐释占了主导地位，要反对的是"不平衡的状态，而不是阐释的原则"。②热奈特也表达了类似的观点："人们把文学看成没有代码的信息的时间已经够久的了，必须要有时间把文学看成是没有信息的代码了。"③

如果说《诗学》在1968年初版的时候，他坚持以诗学为主，到了1973年再版的时候，他已经做出了改变了。初版最后一章是"以自身为目标的诗学"（Que la poétique est son propre objet）。到了1973年的版本中，最后一章已经改成了"作为过渡的诗学"（La poétique comme transition）。这种改变真是意味深长。托多罗夫在这一章里说：

> 诗学注定扮演着过渡的角色：它是话语的"启示者"……一经发现，话语科学就诞生了，它本身的功能就只沦为寻找某个时期某些文本被看做"文学"的原因。诗学一出生，就由其本身的结果注定要牺牲在普遍知识的祭台上。④

也就是说，诗学本身也不绝对，并不普遍，具有时效性，具有地域性，具有话语类型的限制，那么这和阐释的个别性、独特性又有什么区别呢？所以托多罗夫想将二者综合起来。

然而，诗学与阐释的对话并不是两者简单的叠加互补，托多罗夫这种态度导致了自己在两种活动之间犹疑不决，很容易从重视诗学摇摆到重视阐释。当他发现人们过多重视诗学而轻视阐释之后，他马上指出这是一种"过理论化"的危险。⑤ 在半个世纪之后，他开始在《濒危的文学》中批评这个由他提倡的诗学理论。托多罗夫的这种变化，从他试图调和诗学和阐释的举动中就可以看出。他想让两者保持对等，这样的举动也许来自对话的平等精神，但是这平等并不等于两者在批评活动中保持同样的份额，否则就会淡化两者本质的不同，他所提倡的诗学也失去了自身的意义。

---

①*Qu'est-ce que le structuralisme? Poétique*，Seuil，1968，P22.
②*Qu'est-ce que le structuralisme? Poétique*，Seuil，1968，P27.
③Gérard Genette，*Figure I*，Seuil，1966，P150.
④*Qu'est-ce que le structuralisme? Poétique*，Seuil，1968，P108 – 109.
⑤*Qu'est-ce que le structuralisme? Poétique*，Seuil，1968，P27.

说到底，托多罗夫提倡诗学，是受到科学主义精神的鼓舞。他的这种"唯（语言）科学"的诗学理论，受到的诟病当然不少。梅肖尼克就声称："诗学并不是只和语言范畴相关。"① 他对托多罗夫的用语言学来对文学作品进行"解码"的说法进行质疑，对后者解码的信心也表示嘲讽："托多罗夫忘记了揭示美学规范的一切历时性问题、翻译问题以及所有可能的条件……"② 托多罗夫自己在研究中也发现了诗学的局限性，因为他考察后发现，没有一种抽象法则、话语结构可以适用于所有具体的文学现象。由于文学的多样性，要找到一个"所有文学"共有的特征是不可能的，但如果只针对其中某些话语种类，那倒可以比较轻松地为其确立规则。也就是说，"没有一个关于所有文学的话语，只有关于不同文学种类（体裁）的话语"③。于是，"诗学将让位于话语理论和话语类别分析"④，就是找出各种不同体裁的话语的特性。

这是托多罗夫对他心目中诗学理论的抽象而又简单的解说。但是，托多罗夫并没有停留在枯燥的理论说教上，他之后进行了多年的批评实践，试图使这一诗学理论具体化。

## 2.3 叙事话语的句法关系研究

美国学者莫里斯（Charles William Morris）在20世纪30年代将符号学划分为三部分，即句法学、语义学和语用学，认为句法学就是研究符号的结构属性（语词与语词之间的关系），语义学就是研究符号与符号指称对象的关系（即语词与世界的关系），而语用学就是研究说话人与听话人如何使用符号来完成交际行为（即语词与语词使用者之间的关系）。⑤ 莫里斯在这里对符号学的划分，其实就是对语言学研究的划分，他的划分大致确定了语言学的分支学科。

而以语言学为工具进行文学研究的托多罗夫则借鉴了这一划分，在对叙事体

---

①Henri Meschonnic, *Pour la poétique*, Gallimard, 1970, P21.
②Henri Meschonnic, *Pour la poétique*, Gallimard, 1970, P24.
③李森：《托多罗夫叙事理论研究》，新疆大学硕士研究生学位论文，2003年。
④*Genres du discours*, Seuil, 1978, P26.
⑤何自然主编，谢朝群、陈新仁编著：《语用三论：关联论·顺应论·模因论》，上海：上海教育出版社，2007年，第1页。

裁话语研究上，他首先辨析了叙事作品的三个方面：语义、句法和词语。语义指的是叙事所表达或隐含的具体内容和意义，是意义和象征性表示之间的关系；句法是叙事单位的组合及它们之间的相互关系，也就是外形、构造的关系；词语指的是构成一个叙事的具体语言表达。在文学批评史的不同时期，这三个方面受到了不同程度的重视。所有重视阐释的流派都将语义放在第一位，近代的文体学研究则将注意力放在词语方面，相比之下，句法在此之前是最不受重视的，是那些具有"结构主义"倾向的学者才改变了这一现象，把句法作为中心问题来研究。托多罗夫早期的文学批评重点也就是对叙事话语的句法研究。他的《<十日谈>语法》就是这一方面研究的集粹。

托多罗夫对叙事话语的句法研究是受到了俄国民间故事形态学研究者普洛普以及法国结构主义者列维·斯特劳斯和罗兰·巴尔特的影响和启发的。尤其是罗兰·巴尔特，他在《叙事结构分析导言》中提出，话语有其组成单位、规律和语法，而句子是话语"最小最完美也最完整的代表单位"，那么，"最理智的办法就是假设在句子和结构之间具有某种同源关系（rapport homologique）"，"话语就是一个大'句子'，就像句子就是一个小'话语'"。那么，从结构角度看，叙事就是由句子组成的，"叙事是一个大句子，就像从某种意义上说，任何一个陈述句都是一个小叙事的雏形"。①

巴尔特在这里已经提出叙事话语句法研究的主要理论基础，而托多罗夫则延续了这一观点，并且继续发展了，他把巴尔特的这一构想看成是语言与叙事的同一。既然叙事和语言具有同一性，那么语言具有语法，叙事也必然有其自身的语法。于是，就像语言学家通过研究语言素材提炼其中语言的规律一样，托多罗夫也试图构造一种适用于所有叙事作品的普遍语法。因为在当时还没有一种关于话语的语言学理论，传统的语法还只限于句子的范畴，所以托多罗夫就参考了关于句子的语法概念，在叙事作品中寻找句子当中语法概念的对应物："如果懂得作品中的人物是一个名词，动作是一个动词，就能更好地理解叙事。为了更好地理解名词和动词，则需要联想到它们在叙事中担任的角色。归根结底，只有学会去思考语言最本质的表现形式——文学时，才能理解语言。反之亦然：将一个名词和一个动词组合在一起，就是迈向叙事的第一步。事实上，作家让我们读到的不

---

① Roland Barthes, Introduction à l'analyse structurale des récits, in *L'analyse structurale du récit*, Communication 8, Seuil, 1966, 1981, P9–10.

过是言语而已。"①

在此基础上，托多罗夫根据语言的抽象本质对具体的叙事进行了划分，把叙事分成分句（proposition）和序列（séquence）。分句是构成叙事的最小单位，它意味着一个不可再分的行为。比如"X 是国王"、"Y 外出旅游"。一个分句包含两个不可或缺的成分，即行为者（X，Y）和谓语。分句的核心是谓语动词，而构成谓语的方法有两种：用一个动词（"外出旅游"）或者表语（形容词）（"是国王"）。序列则是由一连串的分句组成的，意味着一个相对完整的故事，具有一定的封闭性特征。一个叙事故事至少包含一个序列，但通常包含多个序列，这些序列可以以不同的方式构成叙事。托多罗夫将序列的衔接组织方式分为三类：嵌入式，即整个序列在另一个序列中充当分句的作用，就是我们平常所理解的插叙；连环式，即各个序列依次排列，而不是交错重叠；交替式，即多个序列中的分句交替出现。

然后，托多罗夫从语法的角度来透视叙事，把构成分句和序列的成分看成是各种词类，而把分句和序列看成"句子"和"段落"，构成整个叙事和作品。于是，他把人物看成名词，把人物的特征看成形容词，而人物的行为看成动词。他由此告诉我们，语言中句法的规则就支配了叙事的规则，整个叙事就变成了一个简单的句子结构。

托多罗夫通过这样的划分，把纷繁芜杂的叙事简化为简单明了的句子结构。不过，他并不是通过抽象的说理来论证的，而是通过实例来说明。在这一点上，他效法了俄国的普洛普，后者试图通过研究 100 个民间故事来找到其中的共同形态。而托多罗夫则以卜迦丘《十日谈》中的 100 个短篇故事作为素材来说明他的叙事语法。以其中一个故事为例子：法国国王听说德·弗拉侯爵夫人很漂亮，就趁她丈夫不在家的时候去她家。侯爵夫人成功地玩了文字游戏，让他明白他必须打消邪念；国王也就这么做了。托多罗夫用 X、Y 来代替行为者（国王、侯爵夫人），用"+"代表连续，用"→"代表因果关系。这样这个故事就抽象成这样的图解：

Y 损害 X + X 进攻 Y→Y 不再损害 X

托多罗夫就这样借助语言学术语和语法分析模式建立起了关于叙事话语的句法结构，清楚地展示了作品最基本的构成。不能不说，这样的尝试，在当时是令

---

①*Grammaire du Décaméron*, La Haye, Mouton, 1969, P84.

人耳目一新的。正如特伦斯·霍克斯所说,"这种分析缓解了小说对我们的麻醉作用,而作为社会成员的我们长期以来一直倚赖于那些'文学的'感觉方式。"①也就是说,叙事话语的句法研究把叙事作品的意义同其结构联系起来,从逻辑上破除了文学的神秘观,有助于对文学内部研究的深入,对进一步认识文学的内在规律也是很大的推动。同时,"与以往那些只局限于诠释作品意义或进行修辞分析的批评方法相比,叙事语法更注重作品的系统性,即作品内部各要素之间的相互依存关系,这种观察角度无疑为文学研究引入了新的内容。此外,叙事语法力图在复杂多样的叙事话语中寻求普遍性的规律,这对于我们把握叙事的本质以及认识个别作品在文学系统中的地位是不无裨益的。"②

然而,我们应该看到,这种高度综合概括的批评方法同时也存在着严重的缺陷。

首先,叙事话语的句法研究的对象有着严重的局限。就托多罗夫的尝试来看,他自己所选择的都是短篇小说,比如《十日谈》里的故事,《一千零一夜》里的故事。这种选择不是任意的,而是有着严格的规定:其顺序应该是因果关系的顺序,情节都很短,等等。托多罗夫自己也意识到很难把这种分析方法运用到所有的叙事当中,只能局限于一些特殊的范例。一旦超出这些特定范例的叙事,就很难运用这种研究方法。

正是这种局限导致了人们对叙事句法理论的第二个质疑:叙事话语句法研究的理论前提是普遍抽象的结构。那么,在那数不清的叙事当中,到底是否存在一个或多个超越时间、空间,无视文化、种族、民族差异的普遍抽象的结构呢?这个问题的答案,很难知道。托多罗夫及其他结构主义文学批评家虽然假设了这个理论前提的存在,但在他们的研究中,更多地是采用归纳法,而非演绎法。也就是说,他们虽然预设了这个理论前提,但是在具体文学分析当中,却是通过对形形色色的叙事的分析,试图归纳出这个本应成为前提而实际上却是结论的"结构",而不是通过"结构"前提演绎出这些具体的叙事作品。这是个显而易见的悖论。就如同卡尔·波普所说的,即便我们看到的白色天鹅数量再多,也无法就此得出天鹅全都是白色的结论。就像在分析《十日谈》时,托多罗夫"片面强

---

① 特伦斯·霍克斯:《结构主义和符号学》,瞿铁鹏译,刘峰校,上海:上海译文出版社,1987年,第100页。
② 段映红:《作为文学批评家的托多罗夫》,载《外国文学评论》,1997年第4期,第5—16页。

调《十日谈》本身，而不是强调产生这些故事的'游戏规则'"①，而我们知道，他的诗学理论的初衷是找出这些"游戏规则"的。到底这些规则是否存在？抑或这些规则在实际操作中无法找到？

再者，也是最为人诟病的一点，就是他剥离了叙事作品的具体内容，将其过分简化抽象为一个纯粹的语法框架，而忽略了作品的内容和细节，也就此抹杀了作品之间的差异，抹杀了作品独特的审美价值。这一点，曾提出叙事语法理论前提的罗兰·巴尔特1970年在《S/Z》里就已经提出了毫不留情的批判：

> 据说某些佛教徒凭着苦修，终于能在一粒蚕豆里见出一个国家。这正是早期的叙事分析家想做的事：在单一的结构里……见出全世界的作品来。他们以为，我们应从每个故事里抽出它的模型，然后从这些模型得出一个宏大的叙事结构，我们（为了验证）再把这个结构应用于任何叙事：这真是个令人殚精竭虑的任务……而且最终会叫人生厌，因为作品会因此显不出任何差别。②

是的，这段话是最中肯的批评：普遍的、单一的结构，怎么能体现出全世界千变万化的作品？同样的结构的作品，又如何分出高下优劣来？在抽象而枯燥的结构面前，个别叙事作品的魅力何在？我们应该知道，叙事作品不但有结构，也还有内容，对其系统结构性和普遍性的强调不能以牺牲其个体独特的审美意义为代价。

## 2.4 从语言结构到话语类型的转变：体裁研究

建立在索绪尔语言学理论基础上的诗学理论和叙事句法研究，虽然取得了成功，然而如上所说，也有着先天的缺陷。

索绪尔语言学理论的成功，在于他把语言当成一个封闭静止的符号系统。这是一个不受外界干扰和历史影响的系统，有其内在的规律。惟其如此，他才能建立起自己的语言科学。为了确保其理论具有高度抽象的形式概念和强有力的逻辑

---

① 特伦斯·霍克斯：《结构主义和符号学》，瞿铁鹏译，刘峰校，上海：上海译文出版社，1987年，第100页。

② Roland Barthes, S/Z, in Oeuvres complètes III, Seuil, 1970, 2002, P121.

分析，他在操作中使用切分法和替换法来进行精密的操作。他先用切分法把语言分割成音素、形素、词素、意素等基本单位，然后用替换法，进行封闭式的同类置换或变更，从中找出语言构成的潜在规律。

然而，本维尼斯特在实践索绪尔语言学理论的同时，却发现索绪尔的封闭式分析也有不同的层次，而超出了某一个特定层次，他的结构语言学原则就不再起作用，不再具有严密性和普遍性。① 在《语言分析的层次》中，本维尼斯特把索绪尔的语言分析范围划分为几个层次，分为音素、词素和句子。他用切分法和替换法分析证实，发现索绪尔的封闭符号系统终止于句子层面。"有了句子，我们就越过了一个界线，进入了一个新的领域。"② "有了句子，我们就离开了作为符号系统的语言的领域，而进入了另外一个世界，进入作为交流工具的语言的世界，其表达方式就是话语。这实在是两个不同的世界，尽管它们面对的是同一个现实。它们产生两种不同的语言学，……一边是语言，所有的形式符号，遵循着严格的程序，分成各个种类，组合为结构和系统；另一边是语言在鲜活的交流中的显现。……句子是话语的单位。"③

因此，"话语"既派生于索绪尔对语言的二元划分，同时又超越了这个二元划分。这一点，保罗·利科总结道："在语言中一切关系都是内在的，是记号之间的各种区分，而只有话语才可能是某事物的主题。""话语是实现了的语言"。④ 罗兰·巴尔特则指出，"话语有自己的单位，自己的'语法'；它超越句子，然而又特别由句子所构成；话语就本质而言将成为第二种形式的语言学的研究客体。"⑤

这第二种形式的语言学实际上就是以话语为研究对象的话语语言学。语言学的发展因此从索绪尔的语言—言语观一转身，而变为本维尼斯特提出的语言—话

---

① 赵一凡：《结构主义》，见《西方文论关键词》，赵一凡等主编，北京：外语教学与研究出版社，2006年，第255页。
② 埃米尔·本维尼斯特：《普通语言学问题》（选译本），王东亮等译，北京：生活·读书·新知三联书店，2008年，第195页。
③ 埃米尔·本维尼斯特：《普通语言学问题》（选译本），王东亮等译，北京：生活·读书·新知三联书店，2008年，第197页。
④ 利科：《哲学的主导倾向》，转引自《超越文学——文学的文化哲学思考》，周宪著，上海：生活·读书·新知三联书店，1997年，第92页。
⑤ 陈永国：《话语》，见《西方文论关键词》，赵一凡等主编，北京：外语教学与研究出版社，2006年，第224页。

语观。在索绪尔的语言—言语观里，语言被规定为一个客观的范畴，这派学者关心的是语言作为一种符号构成意义的各种规则，是封闭、静止、抽象的符号系统，追求统一的结构，是一种完全内在的排斥人的主体性的结构。而本维尼斯特的语言—话语理论则不仅强调符号规则，也强调符号在交流情境中的运用，它强调差异，强调具体，强调主体间的交流。

本维尼斯特之后，越来越多语言学家对话语进行了研究，杰弗里·利奇和迈克尔·肖特（Michael Short）认为话语是语言性的交流、说话者与听者之间的交流、一种人际间的活动，其形式由其社会目的所决定，因此对交流的语境非常重视。① 英国著名学者斯温伍德（Swingewood）则对话语做了一个如下的定义：

  话语是其具体的现存的总体性的语言，这种现存的总体性就存在于主体间有效的交往关系之中。话语的对象并不是抽象的语言系统，而是一些元语言的交往实践。语言只存在于使用它的主体之中，因此，话语具有对话特征和社会学特征，它蕴含着社会的历史意义。②

这种从语言到话语的转变当然也给文学批评家带来了冲击，使得结构主义大营中大将纷纷冲出封闭的语言符号结构，又开始举起话语理论的大旗来作为工具。

托多罗夫很早就在作品中提到话语，不过一开始对于这个词，他从来没有给过明确定义。他在建立诗学理论和叙事学理论时所做的实践，都是遵循索绪尔的语言—言语观，在封闭静止的符号系统上进行探索，试图找出文学内在的结构。然而，也许正是意识到叙事作品不可能只有一个抽象的结构，也不可能找到一个为所有"文学"作品所共有的特点，各种理论对文学本质概念的论断都是不尽不实的，都是不准确的。托多罗夫因此提出取消对"文学"的研究，而是转向对文学的细分——"话语类型"的研究，那样的话，可以比较容易地确立某些话语类型的规则。于是，以前对诗学的探索，便让位于话语理论和话语类型的分析。

托多罗夫因此从语言学出发，在文学里引进了话语的概念。"话语是语言应用功能概念的结构对应物。"为什么要引进这个概念呢？"因为语言根据词汇和

---

  ①陈永国：《话语》，见《西方文论关键词》，赵一凡等主编，北京：外语教学与研究出版社，2006年，第225页。

  ②Swingewood, Sociolgical Poetics and Asthetic Theory, 转引自《超越文学——文学的文化哲学思考》，周宪著，上海：生活·读书·新知三联书店，1997年，第93页。

语法规则产生句子。但是句子只是话语功能的起点，句子互相联系，并在某种社会文化背景当中被表述；于是句子转化成表述，而语言就变成了话语。此外，话语的功能和形式都是多样的……任何一种语言属性，在语言内部是随意的，在话语中则可能变成强制的。"① 所以，"话语种类既具有语言材料特性，又具有一定历史条件限制下的社会意识形态特征。"②

在这里，托多罗夫试图区分语言、话语、表述等概念。总体而言，句子是语言的实体，但不是一个具体的表述行为（énonciation），因为同一个句子可以在不同的情境下被表述，意义可以不同，但对语言学家来说身份是不变的。话语则是由被表述的句子构成，或者说由表述（énoncé）构成。对表述的阐释，既决定于表述的句子，也决定于表述行为。这种表述行为包括表述人、表述对象、表述时间和地点、之前的话语和之后的话语，以及存在于这些元素之间的超语言关系，总而言之，就是表述的背景。"换言之，话语总是而且必须是一种言语行为（acte de parole）"③。用简单的图例表示，如下：

语言（langue）　　→ 句子（phrase）　　→ 意指（signification）
话语（discours）　→ 表述（énoncé）　　→ 意义（sens）

在这简单的概念解释里，有一点很清楚，托多罗夫在这里，已经不再只关注语言的语法——句法，而开始注意到了句法之外的"社会文化背景"。他已经明白，话语除了有"内部"的规则——语法，也有外部的限制——"社会文化背景"、"意识形态"。话语包含多方面的特点，比如语义学的、句法学的、语用的、动词的等等。托多罗夫在这里特别提到了语用学上的特点。他指的语用学，就是研究话语使用者之间的关系，也就是话语的表述者和表述对象之间的关系。

托多罗夫并非语言学家，他对话语的论述是非常简略的。而且，他也似乎并没有完全分清楚语言与话语的区别。当然，这也许与话语语言学的发展相关，在那一时期，关于话语的理论尚未完善。

但是，在这些论述中，我们发现，托多罗夫已经意识到了语言与话语的不同，明白话语有"语言材料特性"，也有"社会意识形态特征"。这一发现，使其对建构在单纯具有"语言材料特性"上的诗学进行了反思，从以索绪尔语言

---

① *Les genres du discours*, Seuil, 1978, P23.
② *Les genres du discours*, Seuil, 1978, P24.
③ *Les genres du discours*, Seuil, 1978, P48.

观为科学理论武器转变到以话语语言学为科学武器来重新思考诗学。他试图运用话语作为单位，找到同一类型的叙事话语共同的特点，这样他便转入了对体裁的研究。托多罗夫先后进行了多种体裁的叙事研究，其中在幻想叙事作品和侦探体裁上的成果最为突出，先后出版了《幻想作品导言》《话语体裁》。

为什么要研究体裁呢？托多罗夫预想了很多人会对此提出的诘难，并一一进行反驳。首先，很多人以无法穷尽同一体裁的所有作品为由来反对研究体裁。托多罗夫对此反驳，他认为，对体裁的研究并非要以研究同一体裁的所有文学作品为前提，正如研究语法也无法研究所有的单句。诚然，我们不能研究所有的作品，但这不意味着我们便不能知晓存在于作品中的共同的元素。这就要求研究体裁应该从科学的精神出发，更接近于演绎法；或者说，总是要同时符合实践和理论两个方面的要求。首先，从理论推导出来的理论必须在文本中检验；其次，历史现存的体裁必须被内在的理论阐明。这样，"对体裁的定义总是在事实的描述和理论的抽象中不停地徘徊"。[1]

也有人以作品并不符合体裁为由，声称体裁并不存在。托多罗夫也一一进行了反驳，他以语言为例来进行类比："个体的句子并没有改变语法，语法可以推导出个体句子的属性。"[2] 但是，面对语言，所有的"表述"在被表述的时候都是不符合语法的。在文学发展史上，任何一部作品都改变着各种可能组合的整体，每部具体的小说都改变着小说这一体裁。我们并不能以作品在某些方面不符合体裁的规范就否认体裁的存在，因为从逻辑上来说，"违规"就意味着"规范"已经存在了。体裁本身这个定义就是动态的，而不是固定的静止不变的规范概念。"换句话说，并不需要某部作品忠实地体现体裁，这部作品只是体裁的一种可能形式。"[3]

还有些批评家认为，每个作品都是特殊的，其价值在于它与其他作品的不同之处，而不是相同之处，所以要抛弃体裁的分类。在这里，托多罗夫认为，文学形式的"语法"和叙事本身的"语法"同样都是必要的。在他看来，一切作品都是受其他作品的启发而产生的，和已有的作品存在着联系。它既具有和文学作品整体相同的属性，又是潜在的文学属性的组合和变形。"体裁恰恰是单部作品

---

[1] *Introduction à la littérature fantastique*, Seuil, 1970, P26.
[2] *Introduction à la littérature fantastique*, Seuil, 1970, P10.
[3] *Introduction à la littérature fantastique*, Seuil, 1970, P26.

和文学世界发生联系的接力站。"① 所有的文学研究都是从作品到文学（整体），又从文学整体到作品。托多罗夫因此提醒体裁的研究者要注意抽象的程度。

从以上托多罗夫的解说中可以发现，托多罗夫这时仍然沿用了他在《诗学》里的理论，其对体裁的研究也是采用科学的态度，也就是诗学的态度，他的立场仍然是典型的结构主义的立场。他明确地表示自己研究体裁是站在诗学的角度，因为"体裁恰恰体现了一个结构，各种文学特点的一个轮廓，各种可能的一个清单"②。

那么，体裁是什么？体裁就是话语类型，是"社会在话语所有可能的编码系统中所做的选择"③，是话语属性的编码化。

托多罗夫在这里提到了社会历史的因素对体裁形成的作用。既然所有的体裁都是话语变化而来，但是为什么不是所有的言语行为都成为体裁呢？因为，"一个社会选择最符合其意识形态的言语行为进行编码"④，这可以解释为什么有的体裁存在于这个社会而不存在于那个社会，就像史诗和小说存在于不同的时代，因为史诗的集体主人公和小说的个体主人公存在于不同的时代。因此，从这个意义上说，体裁是"得到历史证实的话语属性的编码"⑤，是受社会历史文化限制的、"相对"的现象。

这是外部因素对言语行为的制约，但是言语行为要成为体裁，还需要经过内部的变化，使其各种属性（语义的、语用的等等）系统化，成为可辨识的编码系统，便于解码。而托多罗夫特别看重话语语用学的编码化，具体到文学体裁中来说，他指的是作者和读者所受的话语规则的约束成为系统。"因为体裁像一种制度那样存在着，所以它们所起的作用，对读者来说，犹如'期待视野'，而对作者来说，犹如'写作典范'。而体裁正是在这两个倾向中历史地存在。一方面，作者根据现存的体裁体系写作，……另一方面，读者根据现存的体裁体系阅读……"⑥ 也就是说，体裁这个概念，对文本话语的生产者和消费者都起作用。作者可以通过文本的内容、写在书籍封面上的"小说"、"诗歌"等来说明他的

---

① *Introduction à la littérature fantastique*, Seuil, 1970, P12.
② *Introduction à la littérature fantastique*, Seuil, 1970, P149.
③ *Les genres du discours*, Seuil, 1978, P24.
④ *Les genres du discours*, Seuil, 1978, P51.
⑤ *Les genres du discours*, Seuil, 1978, P51.
⑥ *Les genres du discours*, Seuil, 1978, P50–51.

写作规范；同时，这一举动也让读者对文本的阅读起了指导作用，让读者用这一体裁的规范来预先猜想文本的语境和框架，减少阅读的复杂性。

具体到幻想体裁中，正是作者和读者所受到的双重制约，才使这种体裁成为可能。

托多罗夫对幻想体裁的研究，来自对诺思罗普·弗莱（Northrop Frye）《批评的解剖》的回应。弗莱在其书中把虚构型文学作品分为五种基本模式：一、神话，其中主人公在本质上超过我们（在托多罗夫看来，这里的"我们"即"读者"）和自然法则；二、传奇，其中主人公在程度上相对高于我们和自然法则；三、高模仿，主人公程度超过我们，但不逾越自然法则；四、低模仿，主人公既不优越我们，也不超越自然法则；五、讽刺，主人公低于我们。① 托多罗夫在赞赏弗莱的同时，也对弗莱的体裁划分进行了批评，认为他的研究既不是从诗学的角度内在地去研究体裁，而且也不具有系统性。他觉得弗莱的分类并没有穷尽所有的体裁，至少幻想体裁没有包括在内。

托多罗夫认为，幻想体裁与志怪（étrange）和奇迹（merveille）体裁相邻，但决不误入它们的领域，不管它如何趋向于这一体裁或那一体裁。"幻想，是一个只了解自然法则的人，在面对一个看起来超自然的事件时所感受到的犹豫。"② 他经过研究，认为幻想体裁需要满足三个条件。"首先，文本要求读者把人物的世界看成生动的世界，要求读者在自然和超自然之间犹豫；其次，这种犹豫也可以被一个人物感受到，这样读者的角色就被委托给了人物，犹豫也就被再现了，成为作品的主题之一；如果是简单地阅读的话，读者就和书中人物合而为一了；最后，重要的是读者对文本所采取的态度：他既要拒绝寓言似的阐释，也要拒绝诗意的阐释。这三个条件具有不同的重要性：第一和第三个条件是构成这一体裁的真正条件；第二个条件可以不满足。但大多数幻想作品都具备所有这三个条件。"③

段映红在看到这段文字时，认为托多罗夫的"已不再囿于作品本身，转而在读者的体验和阅读方式中去寻找文学体裁的特征了。从注重作品的内在结构到在读者的活动中去寻找理论基础，托多罗夫已经在有意无意之间打破了文学话语的

---

① 诺思罗普·弗莱：《批评的解剖》，陈慧、袁宪军、吴伟仁译，吴持哲校译，天津：百花文艺出版社，2006年，第45-47页。

② *Introduction à la littérature fantastique*, Seuil, 1970, P29.

③ *Introduction à la littérature fantastique*, Seuil, 1970, P37-38.

封闭系统，这种研究方法如果说不是与结构主义一贯强调的'内在性'大相径庭，起码也是有所偏离了"。①

托多罗夫在写作时似乎考虑到了会有人提出像段映红这样的辩驳，于是在接下来的文字里加以解释，他认为，在文本中，第一条件体现在言语方面（verbal），也就是"视角"，因为幻想是"模棱两可的视角"；第二个条件和句法相关，因为它暗含了人物对事件的评价形式，同时也和语义相关，因为这涉及被再现的感觉；第三个条件比较综合，和阅读的方式（层次）相关。② 也就是说，托多罗夫提到读者，是因为这涉及叙事作品的"视角"，他认为是"模棱两可"的视角。托多罗夫再三强调读者"和主要人物同化"，"合二为一"了，因此读者被限定在了文本的内部，在叙事中充当了"叙事者"的角色。而且，这种同化也和读者的内心活动无关，或者说读者在这里是抽象的，没有主观的内心活动，他强调指出："我们在这里提的同化不该看成个体的心理活动；这是一种文本内部的机制，一种结构的铭牌。"③ 就此看来，尽管托多罗夫引入了读者概念，可是他试图说明他并没有走出封闭的结构，他对幻想作品的研究仍是之前叙事学的补充研究，是要从体裁方面来丰富他的叙事学理论。

而且，托多罗夫对这三个条件在文本结构中的体现角度，正是他之前在《诗学》和《〈十日谈〉语法》中对叙事作品划分的研究角度。显然，托多罗夫仍然执著于"结构"的概念，在他看来，结构"超越了形式和内容的陈旧的两分法，是把作品看成是动态的整体单位"④。以前在研究《十日谈》的叙事结构时，因为托多罗夫强调的是句法概念，结构的概念在形式上体现得非常明显，我们并不容易去质疑结构的内在性。而到了研究幻想作品时，托多罗夫更多从语义方面去研究。在草草分析了句法层面和词语层面之后，他对语义层面进行了详细分析，可以说，全书的重点全在于此，在十章中占了四章。句法和语义有什么区别呢? 同一事件，从句法上研究，就是看其修辞组成，研究其与其他相邻事件的毗邻关系；而从语义上研究，则是和其他相似或相对的事件进行对比。也就是说，"语

---

①段映红：《作为文学批评家的托多罗夫——从结构主义到对话批评》，载《外国文学评论》，1997 年第 4 期，第 5 – 16 页。

②*Introduction à la littérature fantastique*, Seuil, 1970, P38.

③*Introduction à la littérature fantastique*, Seuil, 1970, P89.

④*Introduction à la littérature fantastique*, Seuil, 1970, P100.

义产生自范式，如同句法产生于意群之上"①。托多罗夫把语义层面也称之为主题层面，这似乎让人联想到文学批评中的主题批评。但是，托多罗夫在研究了让-皮埃尔·里查（Jean-Pierre Richard）、乔治·布雷（George Poulet）等的主题批评后，认为这一批评理论并不能让人满意，其主要原因是太过于"感觉主义"，不具有普遍性，也不具有系统性，或者说，太过具体，不够抽象，没有提供一套可供分析文学话语普遍结构的工具。在他看来，目前在叙事作品的主题层面上的研究可资借鉴的理论太少，需要摸索。托多罗夫自己在书中只是研究了幻想作品的两个主题："我"和"你"。

"我"的主题指的是围绕物质和精神的界限所衍生出来的一系列主题：泛决定论；多重人格；主体和客体分界线的断裂；以及时间和空间的变形。托多罗夫考察了很多幻想作品，发现其中都存在超自然事物。他认为这一事物的存在是想说明一切都不是偶然，冥冥中一切都有一种决定因素，只不过目前不为人所知，于是就用超自然事物来代替那些不为人所知的原因，这就是幻想文学的泛决定论。在泛决定论之下，任何抽象至极的事物、哪怕是思想的微小变化都会在世界上产生具体的后果，于是肉体和心灵、物质和思维、物与词之间的界限便因此而不存在了。泛决定论其实就说明了：从思维过渡到物质是可能的。同时，幻想作品中另一时常出现的变形则说明了人格的多重性，以及主体和客体之间界限的消失。"我"的主题其实归根结底涉及的是人和世界的关系结构问题，就是人如何"看"世界，也就是"感知-意识"的体系问题。

"你"的主题则来源自性欲。托多罗夫认为，幻想作品中出现的魔鬼，就是女人的化身，是欲望的对象，也就是利比多的代名词。这种欲望都非常残酷，也意味着欲望与死亡相关。欲望是人的本能，托多罗夫在这提出性欲问题，其实是人格结构问题，人的内在机制问题，也就是人和他的无意识之间的关系问题。

涉及了语义，涉及了主题，我们很容易认为托多罗夫走出了封闭的结构。但托多罗夫认为，结构到此时仍然存在，到此时仍然是他研究的起点。"我们把文学作品看成一个可以容纳无数阐释的结构……我们的任务，就是描述这个浸润了批评家和读者阐释的空洞的结构。"② 显然，在他看来，这个结构，除了可以像以前那样从句法方面去研究，也同样可以从语义方面去研究。他认为，他对语义

---

① *Introduction à la littérature fantastique*, Seuil, 1970, P98.
② *Introduction à la littérature fantastique*, Seuil, 1970, P101.

或者主题的研究,并不是去阐释这些主题,而只是指出它们的存在①。

尽管托多罗夫再三解释,屡屡强调他的研究仍然是"内在的"②,不想让我们误会他已经走出了结构,可是,仔细研读,笔者觉得,段映红提到的他对内在性的"偏离"仍然是存在的。首先是他对幻想作品的阅读方式和读者所起的作用的强调,因为,读者是否与主人公同化,一起感受到那种犹豫,是读者自己的选择。读者的阅读和感知方式,文本的结构是无法干涉的。我们也无法把读者看成没有心理活动的抽象人。其次,他对主题的分析,笔者看不出与传统的主题阐释有太大的不同,"指出主题的存在"和"阐释主题"的距离到底有多远?在研究"我"的主题时,托多罗夫发现了幻想文学总是有超自然生物的存在,他声称"不要只满足于观察到这一事实,还要拷问它的意义。"③ 这种"拷问意义"和"阐述主题"有什么差别呢?托多罗夫对"内在性"的再三强调,到底是一种自信的宣言,还是一种心虚的口号?此时的托多罗夫仍然在理论上走不出结构的影响,他试图将结构包罗一切,却似乎在不知不觉中走出了结构。

如果说对读者的阅读方式的强调和对主题的分析是对"内在性"的偏离,那么在幻想体裁的最后一章里,对幻想体裁的功能的介绍上,则彻底是从"外部"来研究的了。"一旦体裁形成,我们就可以从外部来考察体裁了,从整体文学或社会生活的角度来研究。"④

托多罗夫把幻想体裁的功能分为幻想的功能和超自然事件的功能,而后者又分为文学功能和社会功能。就超自然的社会功能来说,超自然只是用来描写现实术语不敢提及的借口,它提供了一种超越社会禁忌主题的手段,是对社会审查进行反抗的方式。引进超自然现象可以规避社会对禁忌主题的惩戒,其功能就是使文本逃离法律的行动力范围,甚至违背法律的行动范围。

托多罗夫进而分析了同样的禁忌主题在不同时代不同作家笔下的不同尺度问题,认为当代作家之所以敢直接提及前辈作家只能隐晦描写的欲望主题,其原因是精神分析的出现,改变了人的心理状态,也导致社会审查的取消。这并不是说精神分析摧毁了禁忌,而是转移了禁忌。也就是说,幻想文学的主题和精神分析的主题是相近的,精神分析家的作用和幻想故事的叙事者的作用是相似的。

---

① *Introduction à la littérature fantastique*,Seuil,1970,P149.
② *Introduction à la littérature fantastique*,Seuil,1970,P166.
③ *Introduction à la littérature fantastique*,Seuil,1970,P116.
④ *Introduction à la littérature fantastique*,Seuil,1970,P166.

超自然事件在作品内部的文学功能则可分为三类：语用学功能，就是超自然事件使读者惊恐，陷读者于悬念之中；语义学功能，意思是超自然事件是一种自我指涉；句法功能，它存在于叙述的发展当中，和文学作品的整体相关。这第三种功能是由超自然事件的作者和情节小说的作者两者的吻合推导出来的。托多罗夫认为，"任何叙事都是在两个相似而不雷同的平衡状态中的运动"。① 也就是说，即便是最基本的叙事也包含两种类型的片段：描述平衡或不平衡的片段，以及描写两者转变的片段。而在幻想作品中，超自然事件所起的作用，正是"给前一情况带来改变，打破既定的平衡（不平衡）状态"。② 也就是说，超自然事件就是基本叙事中的转变片段。

由此，超自然事件的社会功能和文学功能就合二为一了：都是"对规则的违反。无论是在社会生活的内部还是叙事的内部，超自然事件的引入总是构成了既定规则体系的断裂，并由此找到其存在的理由"。③

托多罗夫在此基础上探讨了幻想本身的功能，也就是这一体裁的功能。他发现，这一体裁的生命相对来说是十分短暂的，较为系统地出现在18世纪末，确切地说，这一体裁是属于19世纪的。为什么这一体裁如今不再存在了呢？托多罗夫认为这与成为幻想体裁定义基础的真实的范畴相关。幻想文学超越了真实与想象的区分，而19世纪是人们用盛行的实证主义考察真实与想象的世纪，幻想文学反映的是实证主义统治下思想中的错误意识。幻想首先是基于被认为是自然的、正常的事物的基础上的，是对自然法则的违反，是一种例外，而这种例外从反面说明了法则的存在。人物和读者的意识中普遍都相信真实的定义，所以当超自然事件出现时，才会感受到那种犹豫。

而如今，人们既不再相信外在的固定不变的真实，也不再相信文学是真实的摹写，对任何无可解释、不可思议的事件的出现，人们都已不再有犹豫，只是适应。"犹豫和适应是两个对称而又相反的过程。"④ 托多罗夫用萨特的话来说明，当今，幻想的只有一个，就是人。"正常"的人恰恰是幻想的"存在物"，幻想不再是例外，而是变成了恒定的法则。托多罗夫以此说明经典幻想体裁为何如今不再，也以这一体裁的宿命说明文学的宿命：徘徊于真实与非真实之间，在可能

---

① *Introduction à la littérature fantastique*，Seuil，1970，P171.
② *Introduction à la littérature fantastique*，Seuil，1970，P174.
③ *Introduction à la littérature fantastique*，Seuil，1970，P174.
④ *Introduction à la littérature fantastique*，Seuil，1970，P180.

## 第 2 章 文学语言系统内部的对话

与不可能之中，以自己之生走向自己之死，或者说以自己之必死来证实自己之生。

这整整一章节对幻想文学体裁功能的描述，完全不是在文学的所谓内在封闭结构之内的。这样的论述，让我们重新审视托多罗夫，让我们自问：我们到底该怎样为托多罗夫前期的文学批评活动定位？

其实，如果我们换一个思维，从科学主义的思潮出发，我们就会发现，托多罗夫仍然没有走出唯科学的道路，他仍然试图对文学进行科学的研究，仍然执着于用语言学来研究文学。只不过，此时的语言学已经有了发展，从索绪尔的封闭语言结构走了出来，走向了交流的话语。既然有交流，就有语境，有听话人和说话人，有社会意识形态，结构也不再封闭。因此，托多罗夫用话语语言学来进行文学研究时，肯定也不可避免地会走出封闭的结构。他侧重读者阅读方式正对应着话语对听话人的关注。他对体裁的形成原因的考察对应着话语语境性的重要。凡此种种超出"结构"的现象，如果从话语的角度来分析，就会发现，托多罗夫至此仍然具有某种内在的一致性，就是以科学精神为指导，用科学的理论作为武器来分析文学，这科学的理论在他看来就是语言学。但是，语言学是发展的，语言观是变化的，语言学也有很多分支。如果说他在开始建立诗学总体理论时采用的是索绪尔的语言观，到了分析体裁的时候已经在不知不觉中转变为本维尼斯特的话语观了。

只不过，托多罗夫本人对他的这一转变却并没有明确的意识，他的转变是渐进的，并非有一个明确的分水岭。他从第一部著作就开始使用"文学话语"这种提法了，然而，直至 1978 年《话语体裁》中他才给出了关于话语的一些解释。这与他不是语言学家有关，对于语言理论他并非精通，而且是在学习当中。加上当时语言学也处在高速发展期，时刻在推陈出新。因此，他的转变是渐进的，但是仍然可以看出其中发展的脉络。这一点，从前后出版的《幻想作品导言》和《话语体裁》之中都可以看出差别来。同样研究体裁，前者写于 1970 年，后者写于 1978 年。在前一本书中，托多罗夫还口口声声声称自己的研究仍然在结构之内；而到了后一本书，他已经不再那么执着，"封闭"结构的打破似乎已经是明显的事实。

我们不能因为只看到托多罗夫前后的变化就认为其思想没有连贯性。至此为止，托多罗夫的内心思想仍然是为了追求知识（connaissance），追求科学。科学主义贯穿了他前期的文学探索。正如其在访谈中所说，他如同歌德笔下的主人公威廉·麦斯特在漫游,在"学习"(apprentissage)当中。① 这一学习,是为了获得知识,追求真理。

在托多罗夫的这些文学话语研究当中,我们除了可以发现其对科学的迷信,也能看到其在普遍性和相对差异性之间的摇摆。无论是在其诗学理论的建构中,还是对叙事句法的研究中,抑或是对体裁理论的探讨,托多罗夫都已经陷入了普遍性和个体差异性的两难中。在诗学理论中,他寻求一种普遍抽象的文学结构,却无法逃避其与个别文学作品阐释之间的矛盾。在用句法学对叙事作品进行归纳演绎时,他的句法结构只能适合少数特殊的范例,更多复杂多变的叙事作品无法被纳入这"普遍"的句法结构当中。至于体裁理论,既不存在可以囊括同一体裁所有作品的体裁,也不存在忠实体现某一体裁理论的作品。可以说,托多罗夫从一开始举起语言科学大旗试图建立所有文学作品的普遍理论的时候,他立即被指责忽略了个体作品的独特审美价值。面对这种指责,托多罗夫的做法是尽量保持普遍性和相对性的平衡,在普遍结构理论和相对的个体差异之间保持均衡。比如他认为,应该让批评在"诗学与阐释之间来来往往",让体裁的定义在"事实的描述和理论的抽象中不停地徘徊"。这种"来来往往"、"不停地徘徊",正是托多罗夫想沟通普遍性和相对性的努力。这种沟通,是其超越普遍性和相对性二元对立的尝试。我们已经可以从中看出其日后提出的对话批评的雏形。

---

① *Devoirs et Délices. Une vie de passeur*, Seuil, 2002, P177.

# 第3章

## 话语思想史的对话

## 3.1 概念的界定

美国科学哲学家托马斯·库恩（Thomas Kuhn）提出过著名的范式理论，认为科学的进步是在"常态期"、"反常期"、"危机"的交替变更中实现的。他认为，如果一个在某一领域起主导支配作用的认知范式，在应用中暴露出种种不规则情形，其数量达到不可接受的程度，以至于无法令人信服地与该领域保持一致，导致人们对这一范式产生了分歧，那么，科学就会产生周期性的危机。到这个时候，新的认知范式就会被介绍进来，以期更圆满地解释例证，并促使对之前起支配作用的范式进行重新评价。而在这样一种周期性的危机中，一些曾经在旧有范式中被压抑和排挤的因素会在这种布朗式的运动中进行回归。

历史，自从索绪尔在历时语言学和共时语言学的对立中偏爱后者以后，就被结构主义驱逐出了科学的研究领域。然而，随着结构主义暴露出来的局限性，那些结构主义者们又纷纷回过头来，重新思考曾被他们流放的元素。

托多罗夫也正是在这样的背景下开始将历史放进自己的研究领域。1977年、1978年，托多罗夫接连出版了《象征理论》和《象征和阐释》两部书。第一本书着重分析了历史上有关象征的种种理论，可以称之为一部象征理论史；第二本书则着重于阐释，从语言象征理论出发来探讨各种可能的阐释策略，主要介绍了古代圣经注释家和语文学家的阐释理论。

象征是美学和文艺理论里的一个重要问题，同时涉及心理学、逻辑学、语言学等诸多人文学科。象征现象不只显现在语言范畴，然而却在语言范畴出现得最广、最易为人发现，因此象征这个概念常常局限在语言的象征上。

"象征"作为名词，原意是分成两半后用以辨认持者身份的信物。它一般有两种意义：一种在汉语中可译为"符号"，如化学符号、代数符号等；另一类则译为"象征"。[①] 对这个词的理解，一直处于争议当中。比如现代符号学两位创始人皮尔斯（Peirce）和索绪尔对这个词的理解就不一样。

索绪尔认为符号学的主要对象是"以符号任意性为基础的全体系统"。他

---

[①] 王国卿：译者序，见《象征理论》，托多罗夫著，王国卿译，北京：商务印书馆，2004年，第3页。

说，"曾有人用象征一词来指语言符号，或者更确切地说，来指我们叫做能指的东西。我们不便接受这个词……。象征的特点是：它永远不是完全任意的；它不是空洞的；它在能指和所指之间有一点自然联系的根基。象征法律的天平就不能随便用什么对象，例如一辆车，来代替。"① 因此，符号是任意性的，而象征是有理据性（motivé）的。这一点，和源自黑格尔的对象征的解释似乎有点接近，黑格尔在《美学》中说，"象征首先是一种符号。不过在单纯的符号里，意义和它的表现的联系是一种完全任意构成的拼凑……。作为象征来用的符号是另一种……。"②

皮尔斯对符号的分类则是另外一种。他根据符号同所指对象之间的关系把符号分成三类：icône，index，symbole。第一类是以相似性为基础的，我们可以把它译为"像符"，如肖像画、拟声词等；第二类是以邻近性，即某种内在的逻辑（如因果）关系为基础，如烟与火等，可以译成"指符"；第三类是以任意性为基础的。就此来说，皮尔斯的 symbole 等于索绪尔的 signe。③

也就是说，两者的差别，仅在于能指和所指之间的理据性（motivation）的差别，都是在"意指"层面上的差别。本维尼斯特认为，"象征能力，从广泛的意义上讲，指的是通过一个'符号'表现现实的能力，以及将'符号'理解成对现实的表现的能力，也就是在某一物与某一他物之间建立起'意指'关系的能力。"④ "作为意指能力的语言的象征性，则是一切的基础。" "象征化，就是说语言恰恰就是意义的领域。"⑤ 对本维尼斯特来说，象征的本质，是概念功能。

"象征"一词的含混不清，给翻译和研究带来了困难，也造成了汉译术语的混乱。中国古代有"象"一词，《易经》中即有"象"，这个"象"是用来解决语言的困境的。中国古代有"言不尽意"之说，认为语言无法完整地表达意义，

---

① 索绪尔：《普通语言学教程》，高名凯译，北京：商务印书馆，1980 年，第 103－104 页。
② 王国卿：译者序，见《象征理论》，托多罗夫著，王国卿译，北京：商务印书馆，2004 年，第 5 页。
③ 埃米尔·本维尼斯特：《普通语言学问题》（选译本），王东亮等译，北京：生活·读书·新知三联书店，2008 年，第 114 页。
④ 埃米尔·本维尼斯特：《普通语言学问题》（选译本），王东亮等译，北京：生活·读书·新知三联书店，2008 年，第 13 页。
⑤ 埃米尔·本维尼斯特：《普通语言学问题》（选译本），王东亮等译，北京：生活·读书·新知三联书店，2008 年，第 58 页。

完全地表达思想。《易·系辞上》中就说："子曰：书不尽言，言不尽意。然则圣人之意，其不可见乎？子曰：圣人立象以尽意……。"文字无法表达语言，语言无法表达意义，然而怎么样表达圣人的意义呢？《易经》提出的解决方法就是用"象"，试图通过"象"的中介来消除言、意之间的不合适性。《易·系辞下》中说"是故《易》者，象也"，这是将《易》之精华全部归结为一个"象"字，并且对"象"表述世界的能力充满了信心，可以"探赜索隐，钩深致远"，能够连接天地人文、已知和未知，担当起"言"和"意"之间的桥梁，之后魏晋时期的王弼在《周易略例·明象》中就解释说："夫象者，出意者也。言者，明象者也。尽意莫若象，尽象莫若言。言出于象，故可寻言以观象；象生于意，故可寻象以观意。意以象尽，象以言著。故言者所以明象，得象而忘言；象者所以存意，得意而忘象。"这里的"言"、"象"、"意"之间就存在着一种层层递进的表达与被表达的关系。那么"象"如何表达诠释世界呢？《易·系辞》中说"圣人有以见天下之赜，而拟诸形容，象其物宜，故谓之象"；"象也者，像也"；"象也者，像此者也"。"象"的意思就是"像"，那么，像什么呢？形状？概念？钱锺书在《管锥编》中认为有两种"象"，周易之象和诗经之象。《易经》中之"象"，类似维科（Vico）的"以想象体式概念"，认为《易》中之"象"是用来取譬明理的，和诗词歌赋里用"象"来拟象比喻不同。"《易》之有象，取譬明理也……求道之能喻而理之能明，初不拘泥于某象，变其象也可；及道之既喻而理之既明，亦不恋着于象，舍象也可。……词章之拟象比喻则异乎是。诗也者，有象之言，依象以成言；舍象忘言，是无诗矣，变象易言，是别为一诗甚且非诗矣。"① 他的意思就是说，《易经》里的"象"只是用来打比方说明道理的工具，并不拘泥于某一个"象"，等到大家明白了道理，"象"就可以抛开不用了，所以王弼才会有"得意忘象"的说法；而且这个"象"是可以取代和变换的，也就是说要明白一个道理可以不一定用此"象"而非彼"象"，可以用不同的"象"代替而道理仍然相同。但是《诗经》里的"比喻"得到的"象"是另一种，诗是随着"象"而生的，没有"象"就没有诗，如果"得意忘象"，那么诗也就不存在了；如果"象"不同，诗也就不同了，所以不能更改。钱锺书总结说："故《易》之拟象不即，指示意义之符（sign）也，《诗》之比喻不离，

---

① 钱锺书：《管锥编》（第一册），北京：中华书局，1996年，第11－12页。

体示意义之符（icon）也。不即者可以取代，不离者勿容更张。"① 钱锺书在这里借鉴的是皮尔斯的符号术语，但是又有不同：皮尔斯的三分法是单纯从符号的理据性出发，而钱锺书则从"象"在诠释表达的过程中起到的作用着眼，同时参考了杜夫海纳（Dufrenne）的美学观点，从指称事物（désigner l'objet）和体征事物（dessiner l'objet）来明晰"象"的意思。

"象征"一词完整地出现在《汉书·艺文志》中："占卜者，纪百事之象，侯善恶之征"，王弼在《周易略例·明象章》中也有"触类可为其象，含义可为其征"一说。而"象征"一词进入现代汉语是随着西方象征主义传入中国的。但是现代汉语里的"象征"，既可作名词，也可作动词。作为名词，通常是指和意义之间有理据关系的形象，而作为动词，指的是产生这一形象的过程。《辞海》里对"象征"的解释是："指通过某一特定的具体形象以表现与之相似或相近的概念、思想和感情"。

正因"象征"意义的含混性，托多罗夫试图理清这一词的涵义。他并没有执著于象征与符号的区别，而是从符号学的大概念下观照象征，认为"对象征的研究属于普通的符号理论"，也就是说，研究象征，就是研究符号学。但是，这一符号学和索绪尔的封闭的符号系统已经有所不同了。因为托多罗夫区分了语言（langue）和话语（discours）。这个区分，我们在前一节中已经提及，在这里不再引述。但是语言与话语的差别，在意指层面上也会产生差别，本维尼斯特认为，一种称为符意学方式（le mode sémiotique），局限于封闭的符号世界，与任何指涉物无关；而另一种称为语义学方式（le mode sémantique），它是超出符号的封闭领域。② 托多罗夫借鉴了本维尼斯特的观点，把语言和话语在意指层面上的区别分为：从语言产生意指（signification），而从话语产生意义（sens），而意义又分直接意义和间接意义。对间接意义领域的研究，就称为语言象征论（symbolique du langage）。③ "……象征和阐释就是生产和接受，是紧密相连的，是同一现象的两面。……而一个文本或话语之变得有象征意义，是从阐释那一刻发现其间接意义开始的。"④ 而我们要研究象征，只能从阐释反应开始，从答案开始，

---

① 钱锺书：《管锥编》（第一册），北京：中华书局，1996年，第12页。
② 埃米尔·本维尼斯特：《普通语言学问题》（选译本），王东亮等译，北京：生活·读书·新知三联书店，2008年，第137-138页。
③ *Symbolisme et Interprétation*，Seuil，1978，P9-11.
④ *Symbolisme et Interprétation*，Seuil，1978，P9-18.

上溯到问题,上溯到文本的象征。

从这里,我们可以看出,托多罗夫对象征和阐释的研究超出了封闭的语言符号结构,是在语义学上进行研究的。一言以蔽之,托多罗夫之研究象征和阐释,其实质是研究话语语义的生产和接受。而话语的生产和接受,实质上反映的是文本的生产和文本的接受。因此,托多罗夫之所以研究象征和阐释,是因为他要研究文学观和批评观;研究象征史和阐释史,就是研究文学史和批评史。

## 3.2 象征:文学话语的生产史

在《象征理论》里,托多罗夫回顾了西方历史上自亚里士多德以来对符号学的思考,这一思考涉及语言哲学、逻辑学、语言学、语义学、诠释学、修辞学、美学、人类学、精神分析和诗学等领域,涉及的思想有古代修辞学、摹仿说、18世纪末德国浪漫派美学、弗洛伊德的修辞学理论,以及索绪尔的语言象征理论以及雅各布森的诗学理论。尽管涉及的领域和提到的思想家比较多,但是托多罗夫认为历史上对符号学的思考是具有连续性和一致性的,都是围绕着语言象征以18世纪为转折点组织起来的,其实质上反映的是西方古典主义文学观和浪漫主义文学观的对立,以及形成的与之相对应的以释经派为代表的目的论阐释学(interprétation finaliste)和以语文学派为代表的行为论阐释学(interprétation opérationnelle)批评观。

西方古典主义文学观是以亚里士多德的"摹仿说"为代表,通过肯定物质世界的真实性,认为现实世界是艺术的蓝本,艺术是附属于外部世界的。而诗是用语言来再现现实的艺术,正如绘画是用形象来再现现实的艺术一样。因此,语言只是诗的工具,而非目的,文学作品的目的是外在的。以悲剧为例,其目的在于引起观众对人物所受灾难的怜悯和恐惧,从而陶冶和净化情感,有利于心理健康。"摹仿说"强调的是文学的认识作用和社会功能,其目的是外在的。这一理论在西方文学史上产生了深远的影响,从古希腊到18世纪末一直是占据统治地位的文学观。言语的目的既然是外在的,那么作为研究达到既定目的的手段——修辞学则得到了很大发展。

而浪漫主义文学观提出了相反的理论主张,他们认为诗歌是语言的艺术,是语言的一种不及物的用途,是自足的语言,为表达而表达,没有外部目的。浪漫主义美学不强调作品与世界间的复现关系,作品不是对世界的图像,而是对世界的图解,艺术作品如同客观世界一样具有自主性,其目的是内在的,与外在世界无关。从浪漫派以来的多个文学思潮,如象征派、新小说,都可看做这种文学观的变体。必须要指出的是,这里的浪漫主义,不是专指 19 世纪的"浪漫主义文学运动",托多罗夫摈弃了这个词"对非理性的推崇以及艺术家对表现绝对的向往",但也将"一些浪漫派没有接受的现象和思想"包括在这个词内。托多罗夫用这个词指作为理性模式的浪漫主义,而非历史现象的浪漫主义,同时,他使用这个词最重要的原因是,德国最早的浪漫主义派别——耶拿派的成员施莱格尔兄弟(Schlegel)、诺瓦利斯(Novalis)、谢林(Schelling)提出了现代美学的主要思想。①

总结来说,如果说古典主义文学观以外部世界的"真"为终极追求,那么浪漫主义文学观则以文学作品内在的"美"为诉求;如果说古典主义文学观把语言、把文学作品的形式作为表达思想情感或概念的载体,那么浪漫主义文学观则将文学作品的内容视为外在于作品的东西,其本身的语言和形式才是作品的目的。

从古典主义文学观到浪漫主义文学观,中间经历了漫长的发展变化,而这变化和意识形态的变化、社会历史的变迁是紧密相连的。

在 18 世纪之前的西方,基督教具有无上权威,是绝对普遍价值的世界观,所有的一切,包括思想领域,都是为上帝服务。古罗马基督教神学家圣·奥古斯丁(saint Augustin)在区分享用(jouir)和使用(user)的时候就明确提出了这一点:

> 享用实际上是由于对事物本身的爱而去爱它。相反,使用却是把使用的事物引向喜爱的事物,如果后者的确值得喜爱的话。……在我看来,人应当为别的东西而被爱。因为幸福存在于上帝的身上,只有上帝才能因自身受到爱戴。尽管我们没有真正得到这个幸福,然而要把握这种幸福的希望使我们在人世间得到了安慰。把希望寄托于人是可诅咒的。……然而,仔细思考之后,任何人都不应该为自己而得到享受,因为他的义务不是为了自己,而是为了大家都应该享受的上帝而自爱。②

---

① *Critique de la critique. Un roman d'apprentissage*, Seuil, 1984, P14-15.
② *Théories du symbole*, Seuil, 1977, P39.

奥古斯丁的思想是正统的基督教思想，认为人无法靠自身得到救赎，真善美只存在于上帝身上，除了上帝之外，其他一切的人和物，当然也包括文学艺术，都不能成为享用的对象。

18世纪起，资产阶级登上了历史舞台，并且带来了他们的意识形态价值。这一时代，取消了具有绝对普遍价值的世界观，个人主义和言论自由得到了发展。他们"不再生活在被普遍接受的形式所统治的时代"，"作为所有人的共同准则的宗教完蛋了，拥有先定特权的贵族等级完蛋了"。[①] 德国浪漫派的先驱和代言人卡尔·菲利浦·莫里兹（Karl Philipp Moritz）颠倒了奥古斯丁的基督教言论，用民主取代等级，用平等取代屈从，提出一切创造物都能够而且理应成为享用的对象：

> 人应当重新认识到他是为自身而存在，他应该感到在每一个能思维的动物身上，整体是为了每个个体而存在的，就像每个个体业是为了整体而存在一样。……绝不应当把个体的人仅仅当做一个有用的生物，而应当把他看做一个自身有其价值的崇高生灵。人的精神就是一个自在的完善整体。[②]

不再有一个绝对的他者——上帝来判定价值，每个人都提出自己的价值观。人们都不再欣赏为他者的服务，每个人都愿意第一个享受别人的服务。"对莫里兹来说，以不及物的方式存在，就是最高的价值。"[③] 推而言之，文学作品的自身存在就是其最高的价值。

之后的施莱格尔阐述了一种与政治学有关而与神学无关的美学思想："诗是一种共和的言辞，它具有属于自身的规律和目的，其各部分是有权为相互协调而各抒己见的自由公民。"[④]

施莱格尔的这一见解其实就是文学的内在目的性观点，他提出诗是"共和"的，实质是在共和的体制下，诗这一公民没必要服从外来的压力，自由地抒发己见。

阿斯特（Ast）则提出：

> 艺术创作和神创造世界一样，是以自身为目的的，两种创造都是始

---

[①]*Théories du symbole*, Seuil, 1977, P79.
[②]*Théories du symbole*, Seuil, 1977, P189.
[③]*Théories du symbole*, Seuil, 1977, P189.
[④]*Critique de la critique. Un roman d'apprentissage*, Seuil, 1984, P11.

初的，都建立在自身的基础之上：因为两者实为一个；上帝显示在诗人身上就像他以物体的方式出现在可见的宇宙里一样。①

阿斯特的说法表明，艺术创作和神造世界具有同一性，而且都是以内在性为目的的。而且，他将诗人的身份等同于造物的上帝，在抬高诗人身份的同时将上帝的绝对权威给消解了，从此以后，只有特定的、个别诗人的价值观，而不再有绝对权威的价值观。

说到底，浪漫主义文学观的兴起是和西方近现代以资本主义的个人主义和相对主义意识形态的兴起是一致的。从奥古斯都到莫里兹、施莱格尔，以及更多的现代诗人，我们可以看到原来对绝对先验的外在真理的追求被个别相对的内在论所代替。这种内在论不仅导致了政治伦理观念的变化，而且革新了传统的文学观念。

## 3.3 阐释：文学话语的接受史

在文学话语生产——文学观发展的同时，文学话语的接受——文学批评观经历了一个几乎与文学观相平行的发展。它可以分为两大类：目的论阐释学和行为论阐释学，而托多罗夫主要研究了两者的代表释经派和语文学派。

西方的文学批评始于对《圣经》的诠释，教会的诠释家就是最早的批评家。从公元1、2世纪直至17世纪，以基于基督教教义为批评原则的释经派始终占统治地位。他们的阐释活动基本原则是：以两种意义的划分为预设，即《圣经》文本字词的字面意义和已知的《圣经》所具有的神授的意义，后者即所谓的基督教教理。这两种意义之间经常存在着差距，但是，秉着"圣经是真理，是不会不说真话的"这个前提，阐释的目的就是要消除两种意义间的距离，使其合二为一，最终说明差距并不存在，使所有意义符合基督教教理。

奥古斯丁更是明确规定了阐释的对象：要对所有的转义（sens figuré）进行阐释。何谓转义呢：

首先要说明的是辨别一个表述是本义还是转义的方法。简而言之，在《圣经》中所有取其字面意义既不能与善行美德又不能与信仰的真

---

① *Théories du symbole*, Seuil, 1977, P203.

理相符的表述，应当被视为转义的。①

圣·奥古斯丁还进一步列举了转义的几种具体情形。首先是明显与基督教教义相悖的段落，也就是说使教理不可信（invraisemblances doctrinales）的表述：如果一段劝诫宣扬善行、禁止恶性，那这就是本义的，反之，如果阻止善行而宣扬恶行，就是转义的。其次是虽然没有触犯教义但违反常识与常理的文字，就是说物质上不可信（invraisemblances matérielles）的表述。另外，还可能有多余的文字，这也是属于转义的范围。一旦出现了这些转义，奥古斯丁认为就需要阐释了，阐释就是要使转义符合本义。这一本义文本，存在于人的集体记忆当中，这一文本就是教理。而释经派的阐释宗旨就是通过阐释转义的表述，使文字与基督教教理相吻合，以此来证明教理的正确性。因此，释经派的阐释并不是寻找文本的新意义，因为他们已经预先确认了他们的阐释要达到的目的是基督教教义，也就是说，他们已经预先知道了自己阐释活动的终点，他们的阐释活动只是寻找要达到终点的最佳途径而已。这种重视阐释目的忽略阐释活动本身、为了预先目的而行的阐释，托多罗夫将其称为目的论阐释。释经派就是目的论阐释的代表，他们的全部阐释活动就是为了说明基督教的教义，其行为，不是为了说明阐释的文本"是什么"，而是阐释的文本"怎么样"说明基督教教理的。

同样是针对《圣经》的阐释，斯宾诺莎（Spinoza）在其著作《神学政治论》（*Traité théologico-politique*）中提出了不同的主张，新的阐释方法。他提出的新的阐释方法是建立在信仰和理性分离的基础上的。斯宾诺莎认为，理性和信仰是两种不同的话语，它们结构不同：一为演绎推理，一为叙述；功能不同：一为认识真理，一为行动；它们之间的二元性不同，一个是从无知到有知，一个是从不顺从到顺从。托多罗夫重新推演了斯宾诺莎的这一推理过程，由此提出了真理与信仰的对立，并将其归纳为两大对立的话语系列，一方是真理、知识、理智、哲学、科学，另一方是信仰、行动和意识形态。这两种对立的话语在形式上，一个是科学话语，再现功能高于感觉功能；一个是意识形态话语，感觉功能占统治地位。

斯宾诺莎认为信仰和理性必须分开，文本的意义应该与文本的真理分开，所以，"阐释的目的只是文本的意义，应该不借助任何学说来达到。"② 也就是说，

---

①*Symbolisme et Interprétation*, Seuil, 1978, P92.
②*Symbolisme et Interprétation*, Seuil, 1978, P130.

斯宾诺莎要求的阐释，是摈弃了基督教教义前提的阐释，只由被分析的文本来指引，而不是预先存在集体思维或脑海里的定见，要运用严格的核对和演绎推理，来建立起文本的真意，"因此这是一种科学阐释而非意识形态的阐释"。[1] 斯宾诺莎并没有否定基督教真理，也没有改变这一真理的性质，只是变换了真理的位置，也就是说作品的意义和预先把握的作品真理无关，对作品意义的探讨应该和作品的真理独立开来。简单地说，斯宾诺莎的批评，是"结构的而非内容的"[2]。斯宾诺莎消除了释经派所认为的两种意义的分离，认为不存在意义必须为真的文本。这一界限的移除有着重大后果，从此，人们不仅把圣经当做普通文本来对待，而且意识到了以往在解读非神圣文本时用过的方法，并将之整理成纲，使阐释方法承担起意识形态的内涵。这种不为预先目的、只重视阐释行为本身的阐释，托多罗夫将其称之为"行为论阐释"，由斯宾诺莎阐发的思想而建立起的语文学派就是这一行为论阐释的代表之一。如果说以圣·奥古斯都为代表的目的论阐释是为求目的（基督教学说）不择手段的话，斯宾诺莎派则无视目的（真理）而诉求手段。

斯宾诺莎的语文学派方案认为，要阐释的文本意义不受基督教教理限定，但是阐释的方法和途径是受限制的，要符合严密的逻辑和推理。他要求的是一种近似科学的介绍，而不是某种真理的图解。这种解释方法试图建立起和自然科学一致的关于文本的科学，也就是参照自然科学"用世界本身说明世界"的原则，坚持用文本解释文本。它关心的不是"这部作品说得是否正确"，而是"这部作品说了什么"。斯宾诺莎还规定了阐释活动在三个具体方面的要求：语法、结构和历史。语法属于语言学范畴，也就是说，要了解一个文本，就必须了解那一时代的语言，任何与真理的矛盾都不能让我们给予那文字在语言学上没有被证实过的意义。结构要求是从文本严密性来考虑，也就是文本内（intratextuel）关系，因为一个文本不会自相矛盾，斯宾诺莎认为"应该把每一卷包含的表述归类，并使其简化为若干个要点，便于找到有关同一对象的所有表述，之后还须记下所有含混、晦涩或矛盾的表述"[3]。历史要求则是从文本的历史背景知识来考虑，要研究包括作者的生活和习俗，作者的目标，他在何时、什么情形下，为谁，用什

---

[1] *Symbolisme et Interprétation*, Seuil, 1978, P131.
[2] *Symbolisme et Interprétation*, Seuil, 1978, P132.
[3] *Symbolisme et Interprétation*, Seuil, 1978, P134.

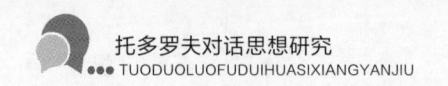

么语言写下的作品;同时,还要联系每本书的命运,各书之间怎样连接而成。显然,历史研究有实证主义的色彩,朗松、泰纳、圣伯夫的历史实证文学研究可以从中找到源头,但对斯宾诺莎来说,历史背景与作品情形的研究并不是目的,它是为理解作品确定意义服务的,而且他说的"历史背景"并非单指作家的悲剧,而要理解成文本所在的全部文本环境。

斯宾诺莎较为完整地提出了语文学派的理论纲要,之后的语文学派得到了持续的发展,但是连续性并不等于同一性。托多罗夫对此进行了详细研究,发现自斯宾诺莎以后,阐释这一活动逐渐从阐释活动的仆人变成了主人。在斯宾诺莎那儿,阐释还是工具,确定作品的意义才是目的;然而,发展到后来的语文学派,阐释活动本身凌驾于阐释目的之上了,阐释作品的目的变成加深对作家所处的时代和社会的认识,并取得相关的文化历史知识,作品本身的意义反而成为次要的了,阐释活动本身变成了融文化史、思想史、心态史等学科的研究工具,变成了另一种形式的意识形态阐释。比如阿斯特使用语文学派的方法是为了研究古代世界的生活和思想,沃尔夫(Wolf)则是了解民族的形式和古代人类。

此外,托多罗夫发现,在语文学派的发展中,阐释方法也各有侧重和发展。他通过图表归纳得出,"自斯宾诺莎之后,称之为结构分析或者说文本内分析的阐释形式消失了,也就是对文本严密性的研究消失了"。[①] 托多罗夫认为,"阐释活动由仆变主的颠覆是和'结构'阐释的消失同时进行的。最大的牺牲者就是文本内分析"。[②] 这一牺牲者就是斯宾诺莎提出的第二个层次——结构。沃尔夫把阐释分为语法、历史和修辞。阿斯特基于正题、反题、合题的三段论,将阐释顺序分为历史、语法和精神三层。比克(Boeckh)则从主观与客观、孤立与联系的对立关系划分阐释的四种形式:客观上,从语法上解释单词的意义,从历史上研究单词与实际情形的联系;主观上,从个体研究主题,从属性上研究交流目的和方向之间的主观情境。朗松则干脆把阐释归纳为语法和历史两个方面。

由此可见,斯宾诺莎之后的语文学派都缺少对作品的结构分析。这一情形,到了 20 世纪兴起的俄国形式主义、符号学、结构主义文学批评的兴起,有了改善。这些流派是对之前语文学派轻视结构层面阐释的一种反拨。比如托多罗夫对叙事话语的分析就是撇开了历史背景和外在因素,一心研究叙事作品内部的组织

---

① *Symbolisme et Interprétation*, Seuil, 1978, P148 – 149.
② *Symbolisme et Interprétation*, Seuil, 1978, P149.

和结构，而热奈特研究叙述时间、语态等。这些研究和语文学派的区别只是对阐释活动内部的侧重点不同，但是在排除外在真理、重视阐释批评活动本身上并无二致。

托多罗夫由此总结出了阐释的几种类型：阐释总是要使作者文本（或者称为源文本）和阐释者文本（或者称为目的文本）相等。那么，"阐释行为因此总暗含着两个前后相随的选择：是否约束两个文本的结合；如果约束，那么约束放在源文本，还是目的文本，抑或是两个文本之间的途径呢？"① 根据这些选择，托多罗夫将所有的阐释分为了几大类：

第一种，对两个文本是否重合毫不约束，这样的阐释是"印象式批评"，托多罗夫认为最典型的这类批评就是对躺在沙发上的病人说出的话语做出的精神分析。

第二种是对源文本进行约束的阐释，这通常是一些非言语的象征符号阐释，比如占卜术、看相术等等，这类阐释要严格地选择阐释的文本或材料，比如手的纹路、星辰位置等等。

第三种阐释就是对联系源文本和目的文本之间的阐释行为本身进行约束，就是前面提到的行为论阐释，语文学派就是其中的代表。托多罗夫认为结构分析也是这种阐释的代表，它让被分析的文本屈服于阐释的形式，它和斯宾诺莎提出的语文学派不同之处只在于侧重点不同。

第四种阐释是对阐释目的进行约束，也就是托多罗夫说的目的论阐释，释经派是其中的代表。托多罗夫认为，这种类型的阐释，在当代还可以找到，比如马克思主义批评和弗洛伊德批评。在这些批评活动中，要达到的目的是预先知道的，不能更改的，这就是马克思或者弗洛伊德著作中抽出的原则，不能违背；无论要分析的文本是什么，经过阐释，最后得出的都是经典的理论原则。它们和释经派不同之处只在于，释经派要证明的是基督教教义，而马克思或弗洛伊德批评要说明的则是马克思主义或弗洛伊德的力比多学说。

托多罗夫认为，这四类阐释中的前两种在阐释学史中都没有起到很大的影响，也许是因为它们受到的约束都不多；而后两种类型是在西方文化史上最重要的两种阐释类型，它们分别的代表学说释经派和语文学派，无论从持续时间和影响来看都统治了其他的阐释策略。

---

① *Symbolisme et Interprétation*, Seuil, 1978, P160.

如果我们把托多罗夫的阐释理解为批评活动的话，那么托多罗夫对阐释的这四种划分则是批评活动的四种类型。这让我们想到艾布拉姆斯根据文学批评活动四要素对文学批评活动的分类。两种之间似乎有着联系，又有着不同。托多罗夫当然没有研究到阐释活动的接受者因素，因此没有艾布拉姆斯四要素中的"读者"要素。此外，托多罗夫的阐释并不局限于文学作品，还可以应用到其他符号象征领域。

我们感兴趣的是，托多罗夫不仅通过分析释经派和语文学派归纳出了阐释活动的四大类型，分析了西方文化思想上占主要地位的两种阐释学说——释经派和语文学派，而且更分析了两种学说在文化活动中此消彼长的历史原因。在17世纪之前，释经派的阐释占了绝对的上风，但是自17世纪末到19世纪初，语文学派占领了主导地位，这是为什么呢？托多罗夫认为，这一颠覆的原因，其实是历史性的原因，和颠覆时期的历史背景、人们的心理意识形态是有着紧密联系的。"前者（释经派）是建立在能够掌握所有人都承认的真理这一基础之上的，简单地说，就是基督教教义。而后者（语文学派）则是在没有普遍标准的世界里人们对世界的反应。"① 在有绝对真理和绝对真理的掌握者这种等级化的世界里，只需要将个别事物和那永恒不变的价值在一定尺度下进行对照，就可以进行阐释介入了；可是，在民主社会里相反，那里每个人都要求为己的真理，价值观的相对化就要求方法论的编码化来进行补偿。所以，从历史上看，从释经派到语文学派的颠覆正发生在这样一个时期：基督教的、封建的、封闭的社会，让位给要求个人主义和相对主义的资产阶级社会，没有任何一个新的价值观可以起到基督教在以前的世界中起到的作用。托多罗夫认为，从这一点看，语文学派诞生在欧洲最早的资本主义城市阿姆斯特丹并非偶然，因为必须要有资本主义新社会里的宽容，斯宾诺莎才能将那时还是暗中实践的阐释行为建立成为一个比较完备的学说。"并非阿姆斯特丹的商人交易催生了语文学派，而是资本主义扩张的意识形态形成了阐释学更新的决定条件。"② 斯宾诺莎的方法在当时当地出现，正是呼应了这一深厚的历史文化背景，他的方法正可以让每个人不用参照共同的绝对的价值观来进行阐释。捍卫斯宾诺莎的阐释学说就是捍卫人的自由和平等。

这一结论，出自托多罗夫的笔下，很耐人寻味：他终于看到了历史在文学批

---

① *Symbolisme et Interprétation*, Seuil, 1978, P158.
② *Symbolisme et Interprétation*, Seuil, 1978, P163.

评中的作用，不再将其驱逐出文本，文学批评不再只和语言相关，不再只是语言客体。"在阐释策略和社会历史之间，有一个关键的接力做了决定，就是意识形态本身。"① 托多罗夫认识到，就连曾经摈弃了历史背景、意识形态的叙事结构批评其实也并没有逃脱历史环境："我过去一直以为是中性方法及（我的）纯描述概念的东西，现在却成了某种明确的历史选择的结果，它们也可能是另外一个样子；而且这些结果也是我一直没有准备接受的必然的'意识形态'推论。"② 托多罗夫进而言之，在当今时代，结构分析和马克思主义批评能够同时共存，究其原因，"是个人主义意识形态和集体主义意识形态在我们世界的共存，才成为了如今阐释策略共存的必须条件"。③ 这，算不算托多罗夫看到的两种阐释策略——释经派和语文学派殊途同归的一面？

托多罗夫还试图从另一方面说明释经派和语文学派并非迥然不同。他认真考察了斯宾诺莎的阐释方法，发现后者并没有如其所说，将摈弃意识形态贯彻到底。胡西克（I. Husic）认为，"斯宾诺莎试图表明《圣经》与其哲学相符，就如同迈蒙尼德（Maïmonide）试图表明圣经与亚里士多德的哲学相符一样。"扎克（S. Zac）也说："斯宾诺莎犯了他所指责的迈蒙尼德所犯的同样的错误：寓意地解释文本，用他自己的哲学重新思考基督教。"④ 托多罗夫由此得出：尽管有语文学信仰，斯宾诺莎的阐释也是目的论的；不管他分析的文章是什么，他阐释的都是斯宾诺莎主义，也就是说，隐藏在他的阐释后面的意识形态是斯宾诺莎式的。相反，奥古斯丁尽管声称只有终点有意义，但也在有意无意间采用了某些行为论阐释的方法。

所以，托多罗夫认为，两种阐释策略是有差异，但却并非泾渭分明，因为"没有任何阐释可脱离意识形态前提，也没有任何阐释在阐释行为中可以随心所欲。差异只在于阐释活动中光明部分和黑暗部分的分配。"⑤ 也就是说，差异不在质，而只在量，只是两者彰显的部分数量不同而已。实践行为论阐释策略的人，被科学意图推动，将注意力放在方法论上，而忽略了意识形态，也就是重方法轻内容；目的论阐释的实践者则忽略了阐释行为，只满足于从文本中得到的教

---

① *Symbolisme et Interprétation*, Seuil, 1978, P163.
② *Critique de la critique. Un roman d'apprentissage*, Seuil, 1984, P182.
③ *Symbolisme et Interprétation*, Seuil, 1978, P164.
④ *Symbolisme et Interprétation*, Seuil, 1978, P162.
⑤ *Symbolisme et Interprétation*, Seuil, 1978, P162.

条,即重内容轻方法。因此,这"只是阳光与阴影、压制与阐释之间不平等的分配,而非一种要求的独存。"①

托多罗夫对这两种阐释策略的再思考和重新定位,显示出他意识到两种表面对立的阐释方法有着深层的羁绊,内容和方法两者彼此既互相对立,又相互联系和转化的关系,是他超越这对立的二元阐释的一种尝试。超越的原因,来自历史意识形态的发现,正是在两种阐释后面共同起决定作用的历史和意识形态给了两个对立策略一个相同的发生因素,让托多罗夫看到了囊括所有阐释策略的可能:"是我的历史命运,迫使我具有双重外在性……这并非优势,也并不一定是诅咒,而是我们时代的构成特征,就是承认对立的阵营每一个都有其道理,同时又不知道在其中做出选择:似乎我们文明的本质就是悬置选择,试图去理解一切而毫不行动。"②

然而,如何超越?仅仅满足于理解对立的双方,仅仅满足于描绘?或是试图将所有的阐释策略相加?仅仅将对立的二元化为量的不同而无质的区别,这种平均主义是否过于绝对?过于机械?具体到实践中是否有意义?当托多罗夫写作《象征理论》和《象征与阐释》的时候,他提出了问题,却并没有找到理想的答案。历史的回归,只是让他认识到了以往在诗学理论建构和叙事结构批评中的偏颇,却还没有找到正确的方法。这方法,是在仔细阅读巴赫金之后才找到的。

---

①*Symbolisme et Interprétation*,Seuil,1978,P163.
②*Symbolisme et Interprétation*,Seuil,1978,P164.

# 第 4 章

## 在对话中建构对话理论:与巴赫金的对话

因为笔者不懂俄文，无法阅读俄文原著的巴赫金资料，而且因为巴赫金本身思想的复杂和内涵的丰富仍然是无数评论家探讨的问题，所以在这里，笔者的重点并非是比较托多罗夫的巴赫金和真正的巴赫金差距有多远，他所介绍的巴赫金哪些是真正的巴赫金思想，哪些是假的。而在于揭示托多罗夫为什么要研究巴赫金，怎样研究或研究的特点，以及他的研究对自身理论尤其是对对话理论的建构的积极作用。

## 4.1 对话的滥觞

托多罗夫接触巴赫金，据他自己说，是在1964年，也就是他初到法国，开始研究俄国形式主义的时候。不过在他最初的著作《俄国形式主义研究》一书中，我们并没找到巴赫金的名字。其原因，也许是巴赫金的著述当时仍然是个谜，因为政治的、历史的种种原因，巴赫金的著作在前苏联国内也是从20世纪60年代开始逐渐被发掘出来。所以，我们不能要求托多罗夫能准确全面地捕捉异域时间和空间中的全部信息，就像他在此书的前言中所说："没有能够找到形式主义者所有的文章"[1]，这也解释了巴赫金没有出现在这本书的研究范围之内的原因。但这也或许是因为巴赫金与形式主义之间的关系之暧昧不清，至今仍是众多文学研究者争论不休的问题。

不管怎么说，虽然托多罗夫很早就已经接触到了巴赫金的作品，可是真正向西方第一个介绍巴赫金的思想的，则是他的同胞克里斯特瓦。克里斯特瓦于1966年以博士研究生的身份在罗兰·巴尔特开设的"历史话语语境"研讨班上做了题为《巴赫金与小说词语》（*Bakhtine et le mot romanesque*）的发言[2]，并发表了长文《词语、对话和小说》（*Le mot, le dialogue et le roman*），后者被收在1969年瑟依出版社出版的《符号学：符号分析研究》（*Séméiotiké. Recherches pour une sémanalyse*）一书里，并为1970年出版的法文版巴赫金著作《陀思妥耶夫斯基诗学》撰写了题为《被毁灭的诗学》（*Une poétique ruinée*）的前言。她的这些著作，

---

[1]*Théorie de la littérature. Textes des Formalistes russes*, Seuil, 1965, 2001, P23.
[2]Roland Barthes, *Recherches sur le discourse de l'Histoire*, in Oeuvres complètes, II, Seuil, 2002, P1294.

较为详细地介绍了巴赫金的思想,成为西方理论界传播和借用巴赫金理论的第一人。

而在托多罗夫的书中,最早出现巴赫金的名字,就笔者目前所掌握的资料,是在其《语言与文学》(*Langage et littérature*)的文章中。这篇文章写于1966年,后来被收集在1971年出版的《散文诗学》中。在这篇文章中,托多罗夫称巴赫金为"苏联伟大的文学批评家",说他阐释了陀思妥耶夫斯基所使用的一种特殊的修辞手法——"占有"(occupation),这种修辞手法就是"事先预料或者反驳可能会有的诘难"。他认为陀思妥耶夫斯基的所有人物的话语都暗含着想象的或者真实的对话者话语,独白总是隐蔽的对话,这恰好导致了人物具有"深刻的暧昧性"①。托多罗夫在这里举巴赫金的例子,正如文章的题目那样,试图说明语言的修辞现象与文学的紧密关系,其更深层的目的是为了说明"文学是,也只能是语言的某些属性的延伸和应用"②。

同样收录在《散文诗学》一书中的1969年撰写的《如何阅读?》(*Comment lire?*)一文中,托多罗夫从文本内部和文本间两个层面来考察阅读行为。在论证到文本间关系的时候,他提到了巴赫金,把后者看成是"最后的形式主义者之一",认为巴赫金提出了第一个文本间关系的理论,并引用了他的一段话(但是引文没出出处),来说明一个他文本不仅仅只是一个模范和嘲讽的对象,也会促发和改变现实的话语;任何文学风格都具有一种内在论战的性质。托多罗夫因此要求人们阅读时正确评价那些没有很大影响力的风格。③

在于1968年出版的《诗学》中,托多罗夫两次提到了巴赫金。

首先是在论述文学史的演变问题的时候,托多罗夫提到了巴赫金关于复调或者名之为对话体的研究。巴赫金在研究陀思妥耶夫斯基的诗学时,发现这一体裁源于苏格拉底的对话录,在讽刺诗以及中世纪和文艺复兴时期的谐谑文学中得到发展,在陀思妥耶夫斯基时达到鼎盛阶段。托多罗夫认为巴赫金的这一研究"为我们提供了有关体裁发展史的成功的范例"④,并称这部论著是"诗学领域最重

---

① *Poétique de la prose*, Seuil, 1971, P35.
② *Poétique de la prose*, Seuil, 1971, P32.
③ *Poétique de la prose*, Seuil, 1971, P251-252.
④ 托多罗夫:《诗学》,沈一民、万小器译,载《符号学文学论文选》,赵毅衡编选,天津:百花文艺出版社,2004年,第247页。

要的著作之一"①。他认为，尽管在上述每个时期的作品结构中仍然存在着大量不相同的特征，可是巴赫金仍然舍弃了这些特征，只保留了对他要论述的体裁起决定性作用的特征。

在论证诗学和美学的关系的时候，托多罗夫试图通过介绍一些理论家关于审美价值的理论，指出他们关于审美价值的理论的不足和缺陷，以此说明审美价值并非诗学的首要任务，诗学和美学之间的关系尚未建立。他在其中就介绍了巴赫金的美学观，称巴赫金觉得对话体的作品高于其他作品，而陀思妥耶夫斯基的小说就是对话体的最完美范例。不过，托多罗夫又指出，巴赫金在别的作品中也找到了同样的对话原则，这样，就不能证明为什么同样使用了对话原则的作品之间有的美，有的不美；对话原则也因此不能作为评判作品审美价值的标准。

《诗学》在1973年再版时，托多罗夫做了比较大的修订，但是他仍然保留了原文中两次关于巴赫金的引述，而且在论述言语层次的不同范畴的时候又借鉴了已经出版的法文版巴赫金著作，根据是否参照以前的话语这一标准，把话语分成"单功能"（monovalent）和"多功能"（polyvalent）的。托多罗夫认为，是俄国形式主义者让大家开始认识到了言语这一特点的重要性。比如什克洛夫斯基已经写过"所有艺术作品都建立在与某种模式的平行和对立的关系上"。但是托多罗夫认为，是巴赫金第一个建立了文本间的多功能性理论（polyvalence intertextuelle）②。

从这寥寥几处对巴赫金的引用来看，在1963年到80年代之前的这一时期，托多罗夫对巴赫金的研究很少，巴赫金基本上处在他的关注视野之外。这几处引用基本上都是间接引用，直接引用的引文也都没有具体的出处，我们不知道托多罗夫到底引用的是巴赫金的原文，还是别人对巴赫金作品的阐释。不过可以肯定，托多罗夫借鉴了他的同胞克里斯特瓦的关于"文本间性"的概念，所以不加思考地把这一概念套到了巴赫金的头上。在这几处引用中，托多罗夫也注意到了巴赫金有关对话的理论，然而，对话时而是话语交流的一种形式，时而是一种修辞方式，时而是一种文学体裁。到底是修辞方式？还是文学体裁？托多罗夫并没有做出明确的定义，只是信手拈来地支撑他要论证的其他论点。这些都说明托多罗夫对巴赫金并没有深入的研究。

---

① *Poétique de la prose*, Seuil, 1971, P251.
② *Poétique*, Seuil, 1968, 1973, P44.

可以说，托多罗夫并不是真正地在研究巴赫金，而是在研究自己关注的主题的时候，凑巧发现巴赫金的某些言论、某些理论与自己的研究主题相关，于是顺手拈来而已。而这一时期的托多罗夫仍然处在形式主义者——结构主义者阶段，他关注的是文本内部，研究纯文学理论，所以我们不难发现，这几处引用，都可以称得上是"形式主义"的，都是从形式美学或者说"诗学"的角度来引用巴赫金的某些理论：修辞手法、体裁、言语层次等等，他也因此称巴赫金为"最后的形式主义者之一"。

## 4.2 对话的转折

收录于1978年出版的《话语体裁》一书的《地下室手记》(*Notes d'un souterrain*)[①] 中出现巴赫金的次数较多，这篇文章预示了托多罗夫接受巴赫金的转折。

这是一篇评论陀思妥耶夫斯基的《地下室手记》的文章。这个题目很让人期待，因为陀思妥耶夫斯基的作品已经成了一个神话，有无数的评论家对他的作品进行了评论，进入20世纪，他的影响愈见巨大。而巴赫金在研究的基础上写就的《陀思妥耶夫斯基诗学问题》，更为其增加了光环，也是后来研究者不可避开的参考书目。那么托多罗夫研究陀思妥耶夫斯基的目的是什么呢？他的研究和巴赫金的研究有没有重合之处？

托多罗夫在文章的前言中指出：以往的研究者，要么只关注陀思妥耶夫斯基的"思想"，忘记了作为作家的陀思妥耶夫斯基；要么只关注"技巧"，忽略了活跃于其小说中的意识形态论争。所以他认为，重读陀思妥耶夫斯基，想知道他"在不断变化的文学中的作用"，就是"应该同时看到他的'思想'和'技巧'，两者均不偏废。"[②] 这样一句话，似乎很难想象是从一个20世纪60年代的结构主义者口中说出来。我们可以从这句话中看到80年代以后的托多罗夫，看到他正在逐渐走出纯"技巧""科学"的结构主义叙述学。

---

[①] 此文后以《他性：地下室手记》(*Le jeu de l'altérité：Notes d'un souterrain*) 为题收在1978年出版的《散文诗学：叙述新研究》中。

[②] Notes d'un souterrain, in *Les genres du discours*, Seuil, 1978, P136.

这篇文章分为五部分，除前言外，五部分的小标题分别是："叙述者的意识形态"、"言语的剧本"、"主人与仆人"、"存在与他者"和"象征游戏"。托多罗夫并没有回避陀思妥耶夫斯基小说中的哲学思想，这一点他在"叙述者的意识形态"中给予了解说，认为叙述者探讨了意识和理性两个主题。但在第二章，托多罗夫马上指出，"我们并不是在读一本思想集，而是一部叙述，一本虚构的书"①。他认为，陀思妥耶夫斯基的创新，在于将这些思想像剧本一样组织起来，各自承担一种角色，让它们之间进行对话，小说就成了这些思想对话的舞台。托多罗夫指出，其中的角色有：以前的思想话语——"他们"，假想的对话者——"你们"，以及叙述的"我"，这些角色都不是固定的，随时准备互相转变。在这里，托多罗夫引用了巴赫金的研究，后者认为，在非陀思妥耶夫斯基小说世界（巴赫金称为独白型小说世界）里，思想可以有两种功能：表达作者的思想，或者用来刻画人物的社会心理特征。但是任何一个正确的思想都已经变成了全体意识，不属于单个的人，因而也就从来都不具有个体性，只成为一种独白性的背景。巴赫金认为陀思妥耶夫斯基的"哥白尼"式的革命正在于消灭了思想的这种非个性化和一体化：在他的小说中，思想总是"个体间"（interindividuelle）和"主体间"（intersubjective）的；"他的世界创造观没有非个性化的真理，他的作品不包含孤立的真理"②。

托多罗夫引用和转述巴赫金的这段话，没有具体页码，我们不知道具体出处，也无法进一步核实这是否是巴赫金的原话和本意。但是，紧跟在这一段引用之后，托多罗夫对此进行了发挥，认为思想在这不再具有独特的高高在上的地位，不再是为了象征目的而参与意义系统的不变元素。对于之前的文学，思想是一个纯粹的所指（signifié），它被赋予意义，可是并不指示本身的意义（elle ne signifie pas elle-même）。可是对陀思妥耶夫斯基来说，思想不是一个象征再现过程的结果，它也是参与其中的一个部分。陀思妥耶夫斯基赋予思想一种象征化（symbolisant）的角色而不仅仅是象征符号（symbolisé），就这样消除了话语（discursif）和模仿（mimétique）之间的对立。所以，陀思妥耶夫斯基的创新是在象征领域，"他改变了我们关于思想的思想和关于再现的再现"③。

---

① Notes d'un souterrain, in *Les genres du discours*, Seuil, 1978, P141.
② Notes d'un souterrain, in *Les genres du discours*, Seuil, 1978, P145.
③ Notes d'un souterrain, in *Les genres du discours*, Seuil, 1978, P145.

## 第 4 章 在对话中建构对话理论：与巴赫金的对话

这样的一段论述，和巴赫金的评论两者之间的差别，乍一看，似乎分别不大，他们都看到了陀思妥耶夫斯基小说中思想的独特地位。可是，仔细分析，却很值得玩味。巴赫金认为陀氏小说中的思想变成了活生生的角色，被拟人化了，仿佛是人与人之间的对话，这完全是在传统小说理论层面从人物视角上的解读。而托多罗夫则先承认这一点，继而却将其引申到了符号学方向、象征领域，把一个个思想和一个个符号等同起来，思想的寻求意义在他看来就是符号的象征化。巴赫金的研究是从思想到人，思想的交流是人这一主体之间的交流；而托多罗夫的研究则是从思想到符号，思想的交流变成符号学中象征意义的形成过程，其中的"人"这一主体则消失不见了。

那么，托多罗夫将巴赫金的思想的对话引申为象征意义的形成过程，是故意忽略主体吗？且不说之前托多罗夫对巴赫金的思想之间的对话角色的接受并没体现出忽略主体的倾向，在之后的章节中分析主仆关系、存在与他者，都是将研究对象聚焦在人身上，聚焦在人与人之间的关系上。在分析主仆关系时，他认为地下室人与世界的关系可分为：高人一等、低人一等、与人平等。平等关系是他所追求而得不到的；所以他只能在高人一等或低人一等中选择。无论他处于哪种情况下，他都与他人的眼光相连：一旦确认了主人的地位，优越感就失去了意义；而处在低人一等的地位，他又陷于羞辱当中。这种主仆关系反映了人的存在与他者的关系。托多罗夫认为，人无法在没有他人关注的情况下存在，无论是高人一等让他人产生的憎恨，还是低人一等他人给予的蔑视，都是自己存在的标志；单独存在，就是不存在。任何一个单个的个体都是复合的，任何一个不可分的原子都是由两个构成的。所以，存在的本质在于他人，人不能先于他人或者独立于他人而存在。

这样一段近乎哲学的论述，是分析人的二元性本质，又说明托多罗夫并没有对主体视而不见。可是，托多罗夫紧接着又延伸开来：既然作为主体的人不可能是单一的、自主的，那么我们就应当摒弃主体的真实可靠的表达，摒弃文本的独立的思想，而更应当接受"其他文本的反射和对话者之间的游戏"[①]。对他来说，一个关乎人的本质，另一个涉及语言的本质；一个定位于"思想"，另一个定位于"形式"；两者是一回事。

这段延伸的阐释，说的再清楚不过了。托多罗夫试图用人的本质的二元性来

---

① Notes d'un souterrain, in *Les genres du discours*, Seuil, 1978, P156.

解释思想的多元性，进而说明思想的形式——语言或文本的多元性。因为人身上有他者的"异"（altérité）的本质，所以思想也是有差异的，思想之间的对话就是语言文本的对话，也就是前文提到的语言符号的象征化过程。一个是内在的思想，一个是外化的"形式"，托多罗夫试图找到二者的共同点——"异"，把二者联系起来。

这样的阐释，标志着托多罗夫的转折。同样是分析叙述作品，20世纪60年代的托多罗夫注重的是结构，是句法，把一个个叙述故事化为一个个句子，有时候甚至用数学公式来解释叙述作品，其中找不到思想，更遑论思想的主体——活生生的"人"了。而在这里，托多罗夫用人的本质这一哲学伦理的命题来阐释作品，对他来说，已经是一个转折。《地下室手记》这篇文章被收录在1978年出版的《话语体裁》一书的第三部分。而托多罗夫在书的前言中就指明：第三部分的共同论点是关于语言和人类心理的，都"源自对某种内在性理念的拒绝，或者说对内外对立这一观点的拒绝"①。这句话暗示了托多罗夫正试图从以往的单一侧重文学内部研究的道路中走出来，慢慢走向内在技巧和外在价值同时并重的道路。

在这篇文章中，托多罗夫直接引用巴赫金的段落都集中在第二章，也就是分析思想的对话特征那一章节，即所有思想都与先前的思想之间有联系，在进行"微型对话"。他直接接受了巴赫金的这一说法，没有任何批判，也认为思想之间在进行"内部对话"。不过，他之后的引申阐释，则属于自己的发挥了。这样的解读，仍然侧重于巴赫金的小说形式美学方面，和托多罗夫自20世纪60年代以来研究诗学理论的经历是一脉相承。他将巴赫金关于思想的对话引申到符号学中的象征理论，是因为此时他的研究主题是象征理论，所以我们不排斥托多罗夫是在研究象征理论的同时发现了巴赫金的研究，并将之联系起来。托多罗夫在自己感兴趣的研究主题上找到了相关的支持理论，巴赫金此时仍然不是他主要的研究对象。

---

① *Les genres du discourse*, Seuil, 1978, P9.

## 4.3 对话的深入

1981年，托多罗夫的著作《米哈伊尔·巴赫金与对话原则》出版了。这本书标志着巴赫金成为了他的正式研究对象。

在这本书前言里，托多罗夫介绍了写作的原因和写作的形式："巴赫金思想的重要性和理解其的困难促使我撰写了这本书，也因此决定了此书的形式。"[1]

托多罗夫认为巴赫金的思想极其重要、极其丰富，称其为"二十世纪人文科学领域里最重要的苏联思想家，最伟大的文学理论家"。[2] 这样的称谓，没有加上矫情的"……之一"，就这么加在巴赫金头上，让笔者不禁想反诘他：那他曾经介绍的俄国形式主义者呢？

而且，托多罗夫认为，在两个"最"之间，有某种必然性："一个真正的文学理论家必然思考除文学之外其它的东西，……而人文科学家对文学感兴趣又是必不可少的"[3]。这样的论断，让我们想到托多罗夫自己也是一名文学理论家，这个论断是否也可以适用到他身上呢？此时的他也在思考文学以外的东西，他感兴趣的范围已经从文学理论扩张到了人文科学。

这本书除了前言外，分为七章，标题分别是：生平著作、人文科学认识论、重大的选择、陈述理论、互文性、文学史和哲学人类学。

托多罗夫首先介绍了巴赫金的生平，并列举了他发表的著作和拟过提纲而未完成过的著作的清单，以及用假名发表的著作。本来，这样的做法并不奇怪，奇怪的是这一做法的人和其动机。20世纪60年代的托多罗夫是反对介绍作者生平的，在《诗学》里，他明确地说要把对作者生平的研究排除在外，因为在他看来，这类研究"不属于文学研究"。而且，罗兰·巴尔特声称"文本之外"别无他物，"作者已死"，他要消解主体，反对作者权威。而托多罗夫此时却花费章节去描写巴赫金的生平，所为何来？他详细地介绍了一些以假名发表的"巴赫金的著作"，认为其归属可疑，这一做法又是为什么？即便那些以他人署名的文章

---

[1] *Mikhaïl Bakhtine le principe dialogique*, Seuil, 1981, P11-12.
[2] *Mikhaïl Bakhtine le principe dialogique*, Seuil, 1981, P7.
[3] *Mikhaïl Bakhtine le principe dialogique*, Seuil, 1981, P7.

不是巴赫金写的，如果托多罗夫觉得重要，那又为什么一定要把这些文章归在巴赫金名下？不是巴赫金写的就会降低这些文章的重要性了吗？

我们认为，托多罗夫介绍巴赫金生平的原因之一是：他此时已经摆脱了结构主义的束缚，也没有走上后结构主义或者说解构主义的道路，开始重视主体，重视文本的作者，所以他要研究巴赫金的生平。

原因之二是：确定巴赫金的生平著作，是托多罗夫后文的介绍中所必不可少的，也是为了确定他研究对象的文本的范围，使得他的研究具有一个较为完整的面貌和较为系统的体系。巴赫金一生正式发表的著作只有《陀思妥耶夫斯基诗学问题》和《弗朗索瓦·拉伯雷的创作与中世纪和文艺复兴时期的民间文化》两部作品，其他著作都是死后发表。然而仅仅是这两部作品，其内涵之丰富，便引起了后继评论家不断地挖掘和阐释，其中的联系也引起了无数的猜想。确定巴赫金的作品的署名权，正是来自托多罗夫想为其思想确立一个体系的愿望，因为他认为："巴赫金的作品没有发展。巴赫金不断改变其兴趣，有时更改表达方式，但是在他1922年第一部作品到1974年的最后一篇作品之间，他的思想基本上是相同的；相隔五十年，人们甚至还能找到差不多相同的句子。人们没有看到发展，而是重复，当然只是部分的重复，一种永远重新开始的反复思索。与其说巴赫金的作品是一个逐步架构的建筑中的组成部分，不如说是一个系列的各个元素，因为它们每一个都包含了他的思想的全部，而且又在其中包含了几不可察的转变和位移。"①

托多罗夫对巴赫金作品署名权的界定，也是他灵活解读巴赫金思想的一个体现。苏联符号学家伊万诺夫（V. V. Ivanov）认为以梅德维杰夫（Medvedev）署名的一本书（《文学研究的形式方法》）、沃洛希诺夫（V. N. Volochinov）署名的两本书（《弗洛伊德主义》和《马克思主义与语言哲学》）和三篇文章（《生活语言和诗歌语言》、《言语的结构》和《语言学与诗歌的界线》）其实是巴赫金写的，并提出了一些证据。托多罗夫对伊万诺夫提出的证据提出了疑问，并对这些著作的最后归属权提出了自己的看法。他首先对这些作品的风格、内容进行了研究，认为这些以别人署名的作品和巴赫金的作品有着明显的区别，倒是和那些署名者的其他作品非常相似。同时，他又从当时的历史、政治环境来分析，认为巴赫金即便是以假名写出那样论战性的文章也是不无可能的。在这种疑

---

① *Mikhaïl Bakhtine, le principe dialogique*, 1981, P25 – 26.

虑当中，托多罗夫应用了巴赫金作品中提到的作品与作者的关系的观点，认为作者不是唯一对其创作内容负责的人，接受者也参与了进来。按照巴赫金的这个思想，即使梅德维杰夫和沃洛希诺夫是这篇文章的接受者，也有权在作品上署名，更别说他们还做了"修改"和"文字上的添加"了。托多罗夫就这样运用了巴赫金的思想来解决巴赫金的作品署名权的问题，确定了其总体作品的内涵。这样的运用，使他的介绍更为生动，也让大家对巴赫金的思想有了一个直观的认识。综合这些原因，托多罗夫一改其不研究作家生平历史的初衷，对巴赫金的生平和著作进行了详细探讨。

紧跟其后，托多罗夫对巴赫金的写作划分了大致的阶段，逐一探讨了他的认识论、超语言学、文学史和哲学人类学四个方面。他一开始就定了基调，认为"不管巴赫金关注的目标是什么，对话理论都是他的主要内容"，而他将"从方法论出发，着重探讨他的表述（énoncé）理论，然后评价他对文学史的贡献。"①

我们通过阅读全书，发现托多罗夫在这里介绍巴赫金，有几个显著的特点。

其一，具有系统性、整体性。这种系统性当然不是指德国古典哲学意义上的体系，也并不是仅仅认为巴赫金的各个具体理论之间存在着内在的联系，而是指托多罗夫对巴赫金思想的解说是比较系统和整体性的。

在此之前，巴赫金在西方人眼中，只是作为复调小说创始人——陀思妥耶夫斯基和作为民间文化、狂欢化的集大成者——拉伯雷的研究者。而在本书中，托多罗夫试图说明这两部著作只不过是来自巴赫金庞大的写作计划的一部分而已，巴赫金不时地在认识论、语言学、文学史和人类学领域里酝酿着这个庞大的计划，而其中共同的主题、运用的普遍原则就是对话原则。托多罗夫从认识论出发，通过评述自然科学与人文科学的差异性得出人文科学的特点，以及作为人文科学一个分支的"超语言学"的特点，转到超语言学的表述理论，以及表述文与表述文之间的关系——对话理论；再评价他对文学史的贡献；最后用贯穿于巴赫金整个作品中的哲学人类学作为总结。循着托多罗夫的写作顺序，我们可以对巴赫金的思想全貌有个大致的了解，也对托氏整本书各章节之间的有机联系清清楚楚。

其二，具有谨慎性。这本书是托多罗夫在认真研读巴赫金的三十多种著述的基础上写成的。相比起之前他对巴赫金的参考，他在本书中引用了大量原文。因

---

① *Mikhaïl Bakhtine le principe dialogique*, Seuil, 1981, P26.

为他对已有的法文译本不甚满意，他"重译了所有引证的文章"，而且附上了详细的俄文原始出处。他在前言中声明，他不能肯定这本书是他的书，因为他只是将巴赫金思想重新剪辑后介绍了一下，一半类似于文选，一半类似于评论，而且"原则上避免与巴赫金对话，因为在对话开始之前，应当先听到第一个声音"①。

这样的审慎，使得托多罗夫的介绍相对于以前的巴赫金思想的评述要准确得多。然而，这并不是说，托氏笔下的巴赫金就是巴赫金本人。因为巴赫金生平经历的坎坷、著作的丰富、思想的博大以及手稿的残缺不齐，都增加了理解的困难。而且，根据现代解释学的观点，理解绝不会是对作者意图的准确理解，还原作者的原意是很可疑的，以往的解释学希望消除的读者的"成见"，其实只是一种"前见"，而这种"前见"正是理解的基础。正如加达默尔所说："一切理解都必然包含某种前见"，"前见其实并不意味着一种错误的判断。它的概念包含它可以具有肯定的和否定的价值。"②

那么，托多罗夫理解的巴赫金，其"前见"又是什么呢？最主要的，简而言之，就是克里斯特瓦所接受的巴赫金思想，并在此基础上提出的互文性理论。

克里斯特瓦是一位懂俄语的保加利亚裔学者，她阅读了巴赫金的原著，立刻敏锐地抓住了他思想中的两个关键词——词语（即托多罗夫后来所译的话语）和对话。她首先从词语的概念和地位阐释了巴赫金的思想，也就是巴赫金的空间化的话语观，认为："文字词语之概念，不是一个固定的点，不具有一成不变的意义，而是文本空间的交汇，是若干文字的对话，即作家的、受述者的或人物的，现在或先前的文化环境中诸多文本的对话。"在她看来，作家、受述者和各种文本是文本空间的三个维度，它们从横向和纵向两方面定义了词语：横向关系是文本中词语同时属于写作主体和接受者；纵向关系是文本中的词语与以前的或共时的文学材料相关。而接受者仅仅是以话语形式包含在文本的话语世界当中，也就是与作者写作时参照的文本融为一体。这样，横向轴（主体——接受者）与纵向轴（文本——其他文本）重合了。克里斯特瓦认为巴赫金并没有严谨地区分两个轴。③ 但是，她阐释说，这种不严谨更应该说是巴赫金第一个引入文学

---

① *Mikhaïl Bakhtine le principe dialogique*, Seuil, 1981, P12.
② 加达默尔：《真理与方法：哲学诠释学的基本特征》（上卷），洪汉鼎译，上海：上海译文出版社，1999年，第347页。
③ 克里斯特瓦：《符号学——符义分析研究》，转引自《克里斯特瓦的诗学研究》，罗婷著，北京：中国社会科学出版社，2004年，第66页。

理论的重大发现,这一发现就是:"任何文本都仿佛是由一些引文拼合而成的,任何文本都是对另一个文本的吸收和转换。互文性概念在互主体性的位置上安置了下来。"① 由此,克里斯特瓦提出了互文性的概念,并认为这是巴赫金的发现。

那么克里斯特瓦所理解的巴赫金是否就是真正的巴赫金呢?互文性理论是否真是巴赫金的发现?

通读巴赫金的全部著作,我们并没有找到"互文性"这个词,也就是说这个词不是巴赫金的发现,而是克里斯特瓦的创造。她把巴赫金的关于文本中的对话的思想用互文性概念来概括。秦海鹰著文详细分析了克里斯特瓦的互文性理论和巴赫金的对话理论的区别,她首先分析了两者与社会历史的关系的异同,认为:"对话理论关注的是'有人'的历史和社会,互文性理论则致力于构筑一个'无人'的历史和社会,一个文本化了的历史和社会。巴赫金从个体的主体观走向了强调主体间关系的主体观,克里斯特瓦则通过强调文本自身的不以任何理性主体的意志为转移的自由组合,彻底走出了主体间性,走进了没有主体的文本世界。对话理论设计的是作者、读者、主人公的关系,互文性理论恰恰是要颠覆作者的概念,使主体间性因作者的缺席而失效。"② 之后,她又从两者包含的不同的语言观和基本运作形式来阐释两者的区别,认为巴赫金的对话理论以话语为研究对象,侧重语言的交流观,也就是侧重于诉说和倾听,而克里斯特瓦的互文性理论则是以文本为重点研究对象,突出语言的非交流性和生产性,也就是强调文本的书写和阅读③。所以,对话理论和互文性理论是两个既有联系又有根本区别的概念,克里斯特瓦用互文性理论取代巴赫金的对话理论的概念,是她自己的发明,也是她对巴赫金思想的创造性阅读。

其实,克里斯特瓦之所以阅读巴赫金,除了身为批评家的敏锐的触感,也是出于当时的特定的社会历史需要。20世纪60年代中期,法国结构主义已达巅

---

① 克里斯特瓦:《符号学——符义分析研究》,转引自《人与文,话语与文本——克里斯特瓦互文性理论与巴赫金对话理论的联系与区别》,秦海鹰著,载《欧美文学论丛(3)》,申丹、秦海鹰主编,北京:人民文学出版社,2003年,第15页。
② 秦海鹰:《人与文,话语与文本——克里斯特瓦互文性理论与巴赫金对话理论的联系与区别》,载《欧美文学论丛(3)》,申丹、秦海鹰主编,北京:人民文学出版社,2003年,第20页。
③ 秦海鹰:《人与文,话语与文本——克里斯特瓦互文性理论与巴赫金对话理论的联系与区别》,载《欧美文学论丛(3)》,申丹、秦海鹰主编,北京:人民文学出版社,2003年,第26页。

峰，但是已经显露出分裂，内中人纷纷思考下一步往何处去。于是，他们希望借鉴他国的思想，来更新结构主义，或者说给结构主义开辟更广阔的领域。正是在这样的大背景下，克里斯特瓦向已经陷入僵化的结构主义介绍了巴赫金的著作。她的选择，既然出于这样的历史环境的需要，那必然服务于那样的历史环境。她之所以阅读巴赫金，并不是要把自己关在他所设定的思想模子里，也不是把他的思想当作文学博物馆里的收藏品，而是要为当时的结构主义服务，或者照她在《陀思妥耶夫斯基诗学问题》的法译本前言中说的那样，是要"从它们陈旧的思想外壳中抽取出包裹在其中的与当前最先进的理论研究相吻合的内核。也就是说，我们的阅读可以超出所谓的主体客观性（'作者到底想说什么'），以便从文本中抽出适合尖端研究的客观价值。"克里斯特瓦认为，这样做"才是参与到现代研究中的最好方式，而不是要把以前的外国研究纳入到现代研究当中来"①。

这样的说明，非常清楚，克里斯特瓦确实并不是亦步亦趋地跟在巴赫金身后，而是想超出巴赫金这一作者"到底想说什么"，其最终目的，是为她当时身处的结构主义或者说原样派的"尖端"、"现代"的研究服务。这种"借他人佳酿，浇胸中块垒"的拿来主义的态度，决定了克里斯特瓦对巴赫金是一种带有强烈主观意图的阅读。她对巴赫金思想的重新阐释的幅度，或者说改造的程度，取决于当时的整个结构主义运动的大背景的需要。当时的结构主义想超越静态的文本结构，于是，克里斯特瓦想到了她阅读的巴赫金作品中"文本与先前文本"的对话，这种对话引进了历史的维度，突破了封闭的文本结构，正好符合了这一需要，"给结构主义增加了历史的活力，超越了文本的封闭性，增加文学文本的可读性"②。而结构主义所努力抑制的主体方面，在1966年的法国，"人们还没走到那一步"，所以克里斯特瓦在这方面忠于结构主义的观点，她回避了主体的问题，或者说小心翼翼地把传统的主体融解在文本体系当中，并"代之以一个新的概念，就是互文性，并且取得了惊人的成功"③。

克里斯特瓦对巴赫金思想的这一创造性阐释，尤其互文性理论取得的"惊人

---

① Julia Kristeva, Une poétique ruinée, préface de *La poétique de Dostoïevski*, Mikhaïl Bakhtine, Seuil, 1970, P11.

② François Dosse, *Histoire du Structuralisme*, II, *Le chant du cygne*, 1967 à nos jours, La Découverte, Paris, 1992, P71.

③ François Dosse, *Histoire du Structuralisme*, II, *Le chant du cygne*, 1967 à nos jours, La Découverte, Paris, 1992, P73.

## 第 4 章 在对话中建构对话理论：与巴赫金的对话

的成功"，影响了托多罗夫对巴赫金思想的解读，成为了他理解的"前见"。

在《米哈伊尔·巴赫金与对话原则》一书中，托多罗夫给第五章取的标题为"对话性"。这一章讨论的是表述文与表述文之间的关系，也就是对话主义。但是托多罗夫在这里做了一个调整，他的调整是这样的：

> 正如人们可以预料到的一样，"对话主义"（dialogisme）这个中心术语承载的意义太多了，很麻烦。所以像我把"元语言"变成"超语言"一样，我在这更喜欢用克里斯特瓦在介绍巴赫金时引进过的一个术语——"互文性"，而把"对话体"（dialogique）这个词专门用于互文性的某些特定的情况，比如两个对话者之间的交换对语，或者是巴赫金构建的关于人格的概念。①

秦海鹰认为这样的调整，是缩小了"对话主义"一词的适用范围，让互文性变成了大于对话性、包含对话性（或者说等于广义对话性）的概念。她认为，这样的调整没有多大必要，既然巴赫金本人没有发明互文性这一术语来代替对话主义，那么托多罗夫的术语调整只能是他自己的解读。而且，秦海鹰指出，托多罗夫把互文性当作对话原则的同义词来使用，把对话理论"追认"为互文性理论，容易让人忽略话语与文本的区别②。

关于秦海鹰对托多罗夫把对话主义调整成互文性的评论，我们首先承认，她的分析很中肯，将对话理论调整为互文性，是托多罗夫自己的解读，也容易让人忽略话语与文本的区别。但我们也得指出，托多罗夫之所以做这样的调整，其原因和巴赫金在极其广泛的意义上运用对话、赋予这一术语的多种形式、多种意义不无关系。

这一点，托多罗夫早已经认识到了。他在写作《诗学》一书的时候，就论述过巴赫金关于对话体这一体裁在不同时代的著作中所做出的矛盾说法。1929 年，巴赫金认为托尔斯泰的作品是独白的，在 1963 年中再次肯定了这一观点：

> 托尔斯泰的世界是一个浑然一体的独白的世界……。在这一个世界中，作者的声音旁没有第二个声音；因此不存在声音的组合问题，也不

---

① *Mikhaïl Bakhtine, le principe dialogique*, 1981, P95.
② 秦海鹰：《人与文，话语与文本——克里斯特瓦互文性理论与巴赫金对话理论的联系与区别》，载《欧美文学论丛（3）》，申丹、秦海鹰主编，北京：人民文学出版社，2003 年，第 21 - 22 页。

*存在作者观点的独特身份问题。*①

但是，在 1934—1935 年间以及 1975 年的一部作品之中，托多罗夫认为巴赫金提出了一种相反的观点：

在托尔斯泰的作品中，无论是在客体还是在读者视野上，话语都明显表现出一种内部的对话主义，托尔斯泰敏感地意识到了对话主义的语义特点和表达特点。②

同一个作家，为什么其作品既可以是"独白的"，又可以被称为是"对话的"？托多罗夫试图以巴赫金对待托尔斯泰作品的前后"矛盾"的观点，来说明巴赫金所运用的"对话主义"、"对话的"这一术语可以分离出多种形式、多种意义。它可以是一种修辞方式，可以是一种言语体裁类型，也可以是话语之间的关系抑或是意识之间的关系，等等。正是为了详细定义这一术语，也为了使法国读者能更清楚地了解巴赫金的思想，托多罗夫做出了划分，用互文性这一术语来指称表述文之间的关系，而用"对话"指称某些特别的形式，比如对话体，又比如关于人格的观念、意识之间的关系等。这也就是为什么，"互文性"这个词只是在第五章论述表述与表述之间的关系的时候出现，而在书的其他部分，托多罗夫很少用互文性代替对话主义或对话体；尤其在探讨巴赫金的哲学人类学观点时，基本没有用互文性代替对话主义。

所以，托多罗夫引进互文性概念的这一尝试，是以理清"对话主义"这一术语的内涵为出发点的。他的这一区分，说明他已经意识到了巴赫金对话主义所包含的层次丰富的内涵。如果我们对前后稍加总结，可以得出托多罗夫所阐释的巴赫金在三个层次上使用"对话主义"、"对话的"这一术语：第一，是言语外在形式上的问答对话，也就是狭义的对话（dialogue）；第二，是所有言语的内在关系和内容——主要是语义关系——所存在的对话关系，巴赫金用"对话主义"（dialogisme）一词来指称③，而托多罗夫则借用克里斯蒂瓦的互文性概念来指称这一关系，也是今天所说的广义的对话关系，因为就这个意义来说，所有的话语都是对话的，也就是"互文"的；第三，是哲学人类学意义上的他性导致的意

---

① *Mikhaïl Bakhtine, le principe dialogique*, 1981, P99.

② *Mikhaïl Bakhtine, le principe dialogique*, 1981, P100.

③ 根据凌建侯的说法，巴赫金本人也并未使用 dialogisme 这一术语，此术语是 1990 年英国研究者霍奎斯特用来概括巴赫金思想的。具体可参阅凌建侯：《巴赫金哲学思想与文本分析法》，北京：北京大学出版社，2007 年，第 19 页。

识之间的对话，而这一对话不仅体现为外在的对话的"形"，更重要的是相异的人、意识之间的相互尊重、相互作用，托多罗夫在这种时候通常用"对话体"（dialogique）一词来指称这种意义。就第三点意义来看，能被称为实践了对话的小说寥寥可数，所以陀思妥耶夫斯基才在巴赫金看来具有独特的地位。但是由于这三种意义都和第一种意义的对话相关，常常造成人们理解上的混淆，甚至人们在极为广泛的隐喻意义上使用"对话"一词，更加让人难以辨析其中的意义层次。

我们不敢断言，托多罗夫在撰写这本书时，已经明确地析出了对话的涵义层次——正如我们也不敢断言以上的分析就是正确的一样——但是，可以肯定，托多罗夫至少已经意识到了其中的复杂，他借用克里斯蒂瓦"互文性"概念，本意就是想使"对话"这一词的意思更纯粹一些，更易为人理解。尽管最后的结果也许与初衷相差颇远，但我们仍然承认托多罗夫的努力。

至少，我们认为，托多罗夫并没有将"对话"仅仅局限在"互文性"这一章里，也缩小在互文性这一个概念之下。这本著作的标题是《米哈伊尔·巴赫金与对话原则》，托多罗夫用"对话原则"来统括巴赫金的所有思想，必定不会将其只局限在"互文性"这一章里。而通读全书，我们可以知道，"对话"是各章节中的关键词，托多罗夫将其隐伏在其间，不时地提及，从不同的方面去靠近，最后在标题处点睛式地突出。正如他在第一章结尾所说的，"无论他（巴赫金）关心的对象是什么，对话原则都是他绝对的主题"[1]。

在托多罗夫所阐释的巴赫金对话理论当中，他最看重的，是第三种意义上的"对话"。这一对话意义缘自巴赫金的哲学人类学观，而对他来说，这一思想是"最有价值的，也是其整个作品的关键"[2]。这一观点就是他性（altérité），也就是我与他人的关系问题。也就是说，自我与他人之间存在着紧密的联系，脱离与他人的关系来认识自我是不可能的。托多罗夫指出，巴赫金从空间和时间两个方面论证了这一点。空间上，人的身体只有从外部或在镜中才成为整体；时间上，标志着人成为一个整体的生和死的时刻，人都无法从自身内部了解生和死[3]。每个个人意识的组成部分（"我"）都取决于另外一个意识（就是"你"），如果没

---

[1] *Mikhaïl Bakhtine*, le principe dialogique, 1981, P26.
[2] *Mikhaïl Bakhtine*, le principe dialogique, 1981, P145.
[3] *Mikhaïl Bakhtine*, le principe dialogique, 1981, P146, 151.

有与"你"的相遇和互动，那么"我"也不成为"我"。

应该说，巴赫金的这一观点并非新奇，托多罗夫在注释中指出，巴赫金并非第一个也并非唯一一个强调个人我——你之间关系的结构特点的人，从古典哲学至存在主义哲学、马克思主义都有过相关论述。那么，对托多罗夫来说，"不是巴赫金的思想新颖，而是这一思想在他的思想体系中所占的地位以及这一思想所导致的后果"[①]。也就是说，托多罗夫认为正是这一思想统辖了他的所有著作，并贯穿于整个作品中，使得巴赫金的思想成为一个完整的体系。而也正是这一思想是巴赫金重视对话的原因："因为人的存在本身是一种深层次的交流。存在即意味着交流。""生活就其本质是对话性的。活着就意味着参与到一个对话中，提问、倾听、回答、赞成等等。"[②]

也许我们可以这样总结托多罗夫在这本书中对巴赫金思想的阐释：正是因为哲学人类学意义上的他性而导致了人类为应对这一属性的原则：对话原则；这一对话原则贯穿人类认识活动的方方面面，巴赫金自己则从认识论、语言学、文学史、美学、艺术创作等各个方面进行了演绎，来论证其中体现的对话原则。

《巴赫金与对话原则》是托多罗夫学术生涯中的一部重要著作。它首先是托多罗夫对巴赫金的研究的转折。在此之前，托多罗夫也阅读他的著作，但是没有如此详细，如此严谨，如此系统。即便在此之前的《地下室手记》一文中他已经捕捉到了巴赫金关于他性的观点，但仍然不脱叙事角度、叙事者的观点，仍然试图用"我注六经"的方式，将符号学的理论和巴赫金的思想结合起来阐释陀思妥耶夫斯基的作品，巴赫金的观点只是被引用来阐释陀氏作品的一个媒介，一种工具。而到了1981年的这部著作中，巴赫金已不再是一个手段，而是一个目的，阅读巴赫金只是为了理解巴赫金，阐释巴赫金。这也可以说明为什么托多罗夫会那么严谨地翻译了他的大部分著作，并审慎地加以评析。

其次，这部著作也明确宣告了托多罗夫接下来所做的学术生涯方向的转折。因为，自此书之后，托多罗夫驶出了前期结构主义—叙事学的航道，进入了一个更广阔的天地。

很多研究者认为是巴赫金的思想导致了这一转变，这种转变来源于他对巴赫金思想的解读，就像当初巴赫金解读陀思妥耶夫斯基的作品对形成巴赫金自身的

---

[①] *Mikhaïl Bakhtine, le principe dialogique*, 1981, P152.
[②] *Mikhaïl Bakhtine, le principe dialogique*, 1981, P148 – 149.

理论体系所起的重要作用一样！在笔者与托多罗夫的访谈中，托多罗夫承认，巴赫金的研究拓宽了他感兴趣的范围，而且，巴赫金的人类学观点引起了他强烈的共鸣，在其思想中辨认出了他自己的经验。① 但是托多罗夫并不承认是巴赫金改变了自己的学术思想和发展道路，其原因是，巴赫金思想中的核心观点——自我与他人的关系，也就是他性问题，是自古典哲学以来无数哲学家探讨过的命题，巴赫金只不过是其中之一种阐释而已。

托多罗夫的否认自有其道理：费希特、洪堡、费尔巴哈这些古典哲学家早已有过对自我与他人关系的描述；马丁·布伯的著作《人与人》中使用了和巴赫金相同的术语；萨特在《存在与虚无》当中发现与他人的超验关系构成自我的本身存在；马克思思想当中也有个人与社会互动发展的论述。巴赫金的人格学说在这其中确实似曾相识，并不标新立异。然而，我们不能因为大家关心的主题相同，就认为彼此的观点一致，也就此抹去巴赫金对托多罗夫思想发展道路上的渗透性。弗朗索瓦·多斯就认为托多罗夫在20世纪80年代初的批评研究是直接从巴赫金身上汲取灵感的。② 仔细考量，我们觉得，托多罗夫至少在以下几个方面与巴赫金的思想有着千丝万缕的关系：

首先，巴赫金关于整个人文科学的统一思想难道没有影响托多罗夫吗？我们似乎很难否认这一点。巴赫金对自然科学与人文科学做了区分，认为二者的区别集中在两点：客体和方法。人文科学的研究客体是作为文本生产者的人。

> 人文科学是研究人的特点，而不是一种无声音的东西和一种自然现象的科学。具有人类特性的人总是在表达（说话），也就是说创造文本（也可能潜在的）。将人作为文本之外和独立于他自己的研究，不是人文科学（而是人体解剖学和生理学）。③

此外，巴赫金研究了话语的二者中的作用，发现在人文科学中话语占主导地位，而在自然科学中话语却毫无作用。由此导致了二者的研究方法不同，前者是理解，后者是认知。

> 数学和自然学科从未将话语作为定向的东西。数学和自然学科的整个方法仪器是控制一种物化的物质，它不由话语揭示，也不传递自身的

---

① 见本书附录访谈。

② François Dosse, *Histoire du Structuralisme*. 2, *Le chant du cygne*, 1967 à nos jours, La Découverte, 1992, P517.

③ *Mikhaïl Bakhtine, le principe dialogique*, 1981, P31-32.

任何信息。这里，认识和接受无关，与话语的表达和来自认识物本身的信号无关。

  与数学和自然科学不同的是，在人文科学中，出现了他人话语表达、传递和建立的特殊问题（如历史学科中方法论的来源问题）。至于哲学学科，讲话的人和他的话语原则上就是认识的对象。①

  人文科学的方法论就是理解的对话。巴赫金把对话思维应用于符号学、语言学、心理学、哲学人类学等人文学科的研究当中，进而把整个人文科学用这个相同的方法论统一起来。

  巴赫金的这一思想对托多罗夫影响至深，他后来在多个渠道表达了人文科学学科统一的想法。比如，在《我们与他者》一书的前言中，他说，通常人们把人文科学与自然科学的对立看成是结果的精准程度不同、思想活动性质不同、观察条件不同等，但是对他来说，主要的差异在于"科学家和他的研究对象的关系不同"。② 比如在地质学家和他的研究对象——矿物质之间隔着十万八千里，可是，在历史学家或者精神分析学家和其研究对象之间，却差别不大，也就是研究主体和客体之间有着共同点。在《历史伦理》一书中，托多罗夫梳理了"人文科学"一词的历史和历史上关于这一学科的构想，提出："这一学科的特性在于研究主体和客体的属性同一，也就是说这一客体是一个人类的存在者。"而这和自然科学的差别导致的后果是：人文科学的研究对象具有意志，"可以变成我们的对话者，抢回发言权"；而且"并不是同样规律地服从法则"；最后"人的存在充满价值，想将价值从人文科学中排除是不可能的"。③ 托多罗夫对人文科学的特点和统一性的研究，都可以看到巴赫金思想的影子。

  在具体的实践中，托多罗夫在阐释了巴赫金的著作之后，除了继续在文学批评方面耕耘之外，其研究领域扩展至人文科学的各个学科：历史学、人类学、教育、文化学、伦理学、政治学，涉及了记忆、民主、权力、人文主义等各个问题。2007 年他应邀来中国访学，在接受访谈时抱怨中国的学科之间处于孤立状态，因为是被文学研究者邀请的，他只碰到了研究文学的人，而他的研究经历是非常多样的④。这些都说明托多罗夫把整个人文科学看成一个整体，认为它们都

---

① *Mikhaïl Bakhtine，le principe dialogique*，1981，P29.
② *Nous et les autres. La réflexion française sur la diversité humaine*，Seuil，1989，P10-11.
③ *Morales de l'Histoire*，Grasset，1991，P22-24.
④ 见本书附录访谈。

是研究"人身上的特定的人性的东西",而他喜欢当一个"摆渡人",在人文科学的各个学科研究领域、研究范围之间搭起桥梁,超越彼此的界限①。这种学科之间的融会贯通当然和托多罗夫的个性和个人经历相关,他喜欢与人交流,寻求理解。可是这也和巴赫金的启示不无关系。如果没有巴赫金的"理论前提",之后的托多罗夫的道路也许就不会是后来的样子。

其次,巴赫金对自我与他者的他性的思想对托多罗夫的影响深刻。目前学界都已认识到在巴赫金思想中自我与他者的关系的重要性。凌建侯认为,巴赫金的理论"基础之一就是我与人的彼此独立且相互需要,我与他人的这种相互确定成了我们互为存在的前提和条件"②;"正是我与他人问题域把巴赫金各时期的论著有机地联系了起来,因此他的学术遗产是一个有机的整体"。③ 可以说,托多罗夫是最早认识到巴赫金思想中自我与他者关系重要性的研究者,他认为这是巴赫金"最有价值的(观点),也是整个作品的关键所在"。④ 尽管我们说过,托多罗夫否认巴赫金并不是第一位提出这一观点的思想家,早有马丁·布伯等其他哲学家提出过类似的理论,可是托多罗夫认识到了这一思想在巴赫金整个思想体系中的重要性以及逻辑上的严密性,也由此使得这个问题成为托多罗夫日后思想的中心,从各个方面对这个问题进行思考。

第三,超越两分法。两分法是在各个研究领域都出现的现象,哲学上的主体—客体,伦理学中的自我—他者,社会学中的个人—社会,文学上的内容—形式,这些本是人为定义的词,却成为限定研究者的研究域,使得研究者在两极间只侧重一极,非此即彼。这样的两分,也许究其根本,就是他性。正是人自身的他性,导致了问题域的分裂。

巴赫金思想的先进性,不是发现了他性,而是发现了相异成分之间的互动关系。

托多罗夫在未接触巴赫金思想之前,也是以两分法看待问题的。他自幼求学于保加利亚,大学时开始研究文学理论。在当时,研究文学,一切都已经预定好了,马克思主义、现实主义的陈规已经从意识形态上判定了一个文学作品的内容是好还是坏,用两个概念("人民性"和"党性")就可以概括所有作品的等次。

---

① 见本书附录访谈。
② 凌建侯:《巴赫金哲学思想与文本分析法》,北京:北京大学出版社,2007年,第32页。
③ 凌建侯:《巴赫金哲学思想与文本分析法》,北京:北京大学出版社,2007年,第292页。
④ *Mikhaïl Bakhtine*, *le principe dialogique*, Seuil, 1981, P145.

而托多罗夫则不愿跟从这种意识形态上的陈词滥调，但也不愿与其正面冲突，所以他选择了文学研究中两极中的另一极——形式，就是"关注没有意识形态含量的事物，在文学中，就是那些和文本的物质性、语言形式相关的事物"①。无论是出于什么原因，在他前期的研究生涯中，托多罗夫选择了文学的形式，也可以说是韦勒克在《文学理论》一书中所说的"内部研究"。

而在完成关于巴赫金的这本著作之后，托多罗夫走出了这种两分法，这首先体现在文学批评上他不再执着于是研究文学内部的"形式"还是外在的"主题"，而是明确地声称，他对所有能让人超越二分法（外在论、内在论）的东西都感兴趣②，也就是既注重文学文本的事实研究，也不放弃对文学内容的价值判断。

这是在文学批评上托多罗夫抛弃了两分法。在其他研究领域，他同样继承了这种思想。在人类学领域，他研究了自我与他人之间的互动关系，对各种片面的两分法不再一边倒，也超越了排外与媚外、善与恶、科学主义与人本主义等的两分法。

这种对两分法的超越，与巴赫金思想似乎一脉相承。超越两分法这一概念，托多罗夫此前的作品中都没有提及，在与巴赫金相遇之后，这便成了主导他看待问题的核心角度。我们很难想象，这种巧合，没有巴赫金的启示。

第四，巴赫金的思想启发了托多罗夫关于对话理论的建构。其实，超越两分法，就已经预示了对话理论的出场。对话，是托多罗夫用来囊括巴赫金散布于各个时期的不同著作之间的思想的中心词。对话虽然是巴赫金的理论构想，却只有托多罗夫才真正发掘了这个理论宝藏，在托多罗夫的这一著作之后，评论家们才纷纷用对话理论来统一巴赫金的思想③。

巴赫金本身并没有系统提出对话理论的概念，是托多罗夫在解读他的著作时发现的。这个发现当然是托多罗夫的解读，尽管他自称要还原巴赫金的声音，可是我们知道，任何理解都是有误差的，任何理解都带有理解者的"误读"，然而

---

① *La littérature en péril*, Flammarion, 2007, P9.
② *Critique de la critique. Un roman d'apprentissage*, Seuil, 1984, P14.
③ 凌建侯称是英国研究者霍奎斯特最先提出，但霍奎斯特的著作出版于1990年，而托多罗夫一书出版于1981年，从时间上看，托多罗夫早于霍奎斯特。不过，托多罗夫并未用dialogisme 这一术语，而是对话原则 principe dialogique。但笔者认为他们都立足于同一个论点。参见凌建侯：《巴赫金哲学思想与文本分析法》，北京：北京大学出版社，2007年，第19页。

这"误读"却是理论创新的来源。

1997年,段映红在《外国文学评论》第4期上发表了《作为文学批评家的托多罗夫——从结构主义到对话批评》,将"对话批评"作为托多罗夫学术历程的重要发展阶段来看待,并认为在这一转变中,巴赫金思想对启发他的思想起了非常重要的作用,认为托多罗夫"在对巴赫金的研究中找到了通向新的文学观和批评观的道路"[①]。其实,这种"对话批评"并不仅仅局限于文学批评,它对托多罗夫整个学术道路都起着理论上的指导作用;但是,这一理论的来源,不就是在解读巴赫金的过程当中得来的吗?

《米哈伊尔·巴赫金与对话原则》一书最后以他性与阐释结尾,在这一节中,托多罗夫提出了三种阐释类型:第一种是以评论者的名义的统一,阐释评论者的思想,凌建侯称之为惟我型思维的体现;第二种是同化批评,批评家只是被研究者的代言人,凌建侯称之为惟他型思维的体现。不管是惟我型还是惟他型,其实质都是独白的[②]。第三种批评就是巴赫金主张的对话体,不管是评论家还是被评论的作者,都得到肯定,表现为"我"和"你"的对话[③]。在"我"和"你"的对话中,彼此都试图去接近对方,但两者都保持了独立;在这种互动中,"我"不再是原来的"我","你"也不再是原来的"你","我"和"你"在不停地接近中迈向新的阶段。就这个意义上说,任何一个文本的含义都不可能是最终的、确定的,那么阐释将是无穷的,未完成的。

巴赫金思想复杂,内涵丰富,其中可供研究解读之处繁多。而托多罗夫选择以这样的介绍结尾,甚为意味深长。我们是不是也可以把托多罗夫对巴赫金的这种解读看成是一种对话呢?他逐步地接近巴赫金,进入巴赫金的作品,但也没有惟巴赫金是从,而是保持了自己的独立性。在他的解读中,巴赫金当然不再是原本的巴赫金,而托多罗夫也已不再是原来的托多罗夫,他的思想在这种阐释中发展了,不再固守于结构主义的叙事学,而是走向了对话批评。

在《米哈伊尔·巴赫金与对话原则》之后,托多罗夫仍不时撰写关于巴赫金的文章,其中比较为人所知的是:在1984年出版的《批评之批评:教育小说》一书中,以"人与人际"为标题介绍巴赫金;1985年,在英国《泰晤士报文学

---

[①] 段映红:《作为文学批评家的托多罗夫——从结构主义到对话批评》,《外国文学评论》,1997年第4期。
[②] 凌建侯:《巴赫金哲学思想与文本分析法》,北京:北京大学出版社,2007年,第30页。
[③] *Mikhaïl Bakhtine, le principe dialogique*, Seuil, 1981, P166.

副刊》上撰文对克拉克和霍奎斯特合著的传记《米哈伊尔·巴赫金》进行了评介；在1996年哥本哈根举行的"纪念雅各布森诞辰100周年国际学术研讨会"上提交了论文《独白与对话：雅各布森与巴赫金》，在文中将雅各布森与巴赫金进行了对比。此外，他主持过英国谢菲尔德大学的"巴赫金中心"。

在这些文章当中，托多罗夫继续发挥了在写作《米哈伊尔·巴赫金与对话原则》一书中的原则，他继续介绍巴赫金的思想，但不拘泥于全盘接受巴赫金的思想，这体现了他的对话思想：尊重对话者，同时保持自己的独立。每次他都有新的发现，这也是对话没有穷尽、阐释永无止尽的体现。

通观托多罗夫对巴赫金的解读过程，这整个就是个体现了对话精神的绝佳的例子。他不仅向西方介绍了巴赫金思想，也在这其中建构起了自己的对话理论。在对话中建构对话理论，我们还能找到比这更好的证明吗？

# 第 5 章

## 文学的对话批评

## 5.1　对话批评概念的诞生

对话原则是托多罗夫在《米哈伊尔·巴赫金与对话原则》一书中正式提出的。这本书，是托多罗夫对巴赫金著作的一个概述，他将巴赫金的作品用对话理论统一起来，认为，"不管他（巴赫金）关心的目的是什么，对话原则都是其主要主题。"① 不过，在这本书中，托多罗夫小心地将自己的观点隐藏了起来，因为，托多罗夫觉得"在对话开始之前，应当先听到第一个声音。"② 他想让我们先听到巴赫金的声音，了解他的理论。所以，我们不便把巴赫金的观点直接套到托多罗夫身上，——尽管巴赫金的很多理论尤其是关于对话的理论深深地影响了托多罗夫，并使其对自己的文学批评道路进行了转向。③

所以，托多罗夫自己的对话批评主张是在《批评的批评：教育小说》（以下简称《批评之批评》）一书最后一章中提出的。这本书，一直被看成是托多罗夫的转折之作，也有的说是其第一阶段文学批评实践的总结之作。④

托多罗夫在前言里交代了他写作的目的，坦言其关注的是两个互相联系的主题，每个主题又有两个目标：

> 首先，我想考察人们对 20 世纪文学和批评的看法；同时，试图弄清正确的文学观及批评观可能是什么样的。

> 其次，我想分析这个时代通过文学思考表现出来的主要意识形态潮流；同时，试图弄清哪种意识形态立场比其他更有道理。⑤

这两段话，很清楚明白地表达出托多罗夫的转变，以及相对于写作《象征理论》、《象征与阐释》两书时的发展。在后两本书中，托多罗夫也考察了"对文学和批评的看法"（只不过是时代不同、方式不同和对象不同）和"通过文学思考表现出来的主要意识形态潮流"，但是，那时托多罗夫还只是单纯描述事实、

---

① *Mikhaïl Bakhtine le principe dialogique*, Seuil, 1981, P26.
② *Mikhaïl Bakhtine le principe dialogique*, Seuil, 1981, P12.
③ 关于托多罗夫对巴赫金思想的解读，本书已另辟章节论述。
④ Jean Verrier, *Tzvetan Todorov. Du formalisme russe aux morales de l'histoire*, Bertrand-Lacoste, 1995, P13.
⑤ *Critique de la critique. Un roman d'apprentissage*, Seuil, 1984, P7.

## 第 5 章 文学的对话批评

单纯对现象进行解说，他承认各个对立的文学观批评观都有其道理，却不知道在其中做出选择，认为我们文明的本质就是悬置选择。或者说，托多罗夫仍然是如同科学家一样客观的文学批评家，将过往的批评史进行客观地描述分析，他自己从不介入，不对这些思想和流派进行评价判断。可是，在《批评之批评》一书中不同，观察、分析仅仅是其中的一个目标，同时——托多罗夫将"同时"用斜体突出不是没有道理的——还有一个目标，就是判断出什么是"正确的文学观及批评观"和"更有道理"的思想意识形态。这样，在这本书当中，托多罗夫不再只是简单的进行现象描述，更进行了价值判断。他认为："忽视普遍性和价值判断，在我看来是幼稚的、不诚实的，无异于半途而废；而放弃特殊性和对具体问题的研究，我就被置于拥有真理、只关心如何表达才能强加于人的那些人一边。"[①] 换句话说，对具体事实材料的分析研究和进行普遍性的价值判断都是不可或缺的。如果说，托多罗夫之前的研究过多地或者说专一地关注"对具体事实材料的分析研究"的话，那么，正是从《批评之批评》开始，他的眼光开始放宽到事实材料之外的价值判断。所谓"批评之批评"，是否前者为各种流派的"批评理论"，后一"批评"是对这些批评理论的再批评，也就是价值评判呢？揣摩托多罗夫的文本，似乎不脱其意。

正如托多罗夫在前言中所说，《批评之批评》这本书其实是从《象征理论》、《象征和阐释》开始的探索的一部分，最初的构想是和这两本书同时的。也就是说，其初衷，是和这两本书一样，对西方的文学观和批评观的历史做一回顾。最后成书的时候，《批评之批评》仍然保持了这一构想，只不过和《象征理论》、《象征与阐释》不同的是，后两者试图以时间为主线，体现出系统性和发展性；而前者则舍去时间轴线上的系统性和连贯性，而是以点为主，选取了几个他感兴趣而且他认为对他影响很大的作家、批评家，时间上以 20 世纪为主，涉及十几位不同思想、不同批评流派，甚至不同国籍的代表人物，包括：俄国形式主义者、德国作家德布林（Döblin）和布莱希特（Brecht）、法国的萨特、布朗肖（Blanchot）和罗兰·巴特、苏联的巴赫金、加拿大的弗莱、英国的伊安·瓦特（Ian Watt）和法国的历史学家兼批评家保尔·贝尼舒（Paul Bénichou）。之所以选择这些人，是托多罗夫试图超越《象征理论》、《象征与阐释》两书中分析的两种对立的文学观和批评阐释观的一种尝试，试图超越古典主义文学观和浪漫主

---

[①] *Critique de la critique. Un roman d'apprentissage*, Seuil, 1984, P8.

义文学观的对立,超越文学批评观内在论和外在论的二元对立。这种超越,托多罗夫通过和他选取的作家批评家对话来进行。他认为这些作家批评家的思想都不是纯粹的,表面看起来都继承了18世纪浪漫主义意识形态美学的因素,和浪漫主义美学思想有着千丝万缕的联系,可是实质上也包含着对这一美学的质疑,但又没有回归到古典主义教条。

因此,在《批评之批评》中,对大多数流派或者批评家,托多罗夫在评论文章的安排上都采用了正题—反题的两段论论述方式,先论述这些批评家的思想中和浪漫主义美学相关联的因素和观点,也就是继承了文学批评内在论的观点;其次再鞭辟入里,找出其思想中与浪漫主义美学、文学批评内在观相悖离的地方。比如俄国形式主义,他们标举超越历史和意识形态的永恒的"文学性",根据使用语言的目的来区分"诗的语言"和"非诗的语言",认为"诗的语言"是以自身为目的的,拒绝任何外在意义的;然而,他们也提出"文学现象"是不固定的,是随着时代的变化而变化的,就连其流派本身也因为政治原因而终止了生命,这就把"文学性"和外在于文学的社会历史时代挂上了钩。再比如,德布林提出史诗具有"不及物性",可是托多罗夫分析发现,他的史诗理论只不过是对欧洲盛行的个人主义的一种反拨,试图通过史诗作品的榜样性来容纳读者的声音。罗兰·巴尔特曾经把写作看成在"回音室"里飞翔的语言,认为语言并不能再现思想,只能追踪词语,这种语言的不及物性和意义的多样性明显是属于浪漫主义美学的特征;然而托多罗夫却看到晚年的罗兰·巴尔特具有一种人道主义的倾向,因为后者希望自己看到的作品和自己创作的作品容易阅读,"字句的工作中倾注了(对他者、对读者)无比的爱"①。

如果说托多罗夫对上述这些批评家采用正题—反题的论证方式,是为了从文章的结构上突出他们思想中与浪漫主义美学既相承又相悖离的地方,那么,他与英国批评家伊安·瓦特的通信笔谈、与法国传统批评家保尔·贝尼舒的真正的对话,则似乎是对前者拘泥于正—反之间矛盾对立的一种超越。

伊安·瓦特的论著主要谈及英国文学,其《小说的兴起》、《19世纪的康拉德》尤为著名,前者在国内已有中译本。就这两部作品来看,伊安·瓦特"不是理论家而是经验论者"②,也就是说,针对具体的作家作品进行阅读和阐释评

---

① *Critique de la critique. Un roman d'apprentissage*, Seuil, 1984, P81.
② *Critique de la critique. Un roman d'apprentissage*, Seuil, 1984, P125.

论，或者说，是一个"阐释者"。托多罗夫之所以谈论他，是因为他身上既沿袭了施莱玛赫（Schleiermacher）以来的阐释学理论，参照了后者提出的"语法"阐释和"技巧"阐释，也就是说浪漫主义的美学理论；同时也看到了瓦特在阅读阐释中参考的意识形态背景。简而言之，托多罗夫认为，瓦特的作品在"表现的现实主义和判断的现实主义中摇摆，在'内在'计划和对话实践中犹豫，在对真理的关心和对智慧的关心中动摇"①。托多罗夫的这一论断得到了伊安·瓦特的认同，但是瓦特也对他的观点进行了补充，提出了文学与社会、文学与批评的关系的看法，并认为文学批评有四个必不可少的组成部分：理智认识、美学欣赏、情感介入和言语表达。② 遗憾的是，因为是通信笔谈，托多罗夫并没有紧接着对伊安·瓦特的回答做出回应，这一缺陷在和保尔·贝尼舒的对话中得到了弥补。

保尔·贝尼舒的名字在国内罕为人知，他是一位传统的批评家，却也是让托多罗夫最受触动的批评家之一，也因此被放在最后一位作为压轴的批评家进行评论。他和保尔·贝尼舒之间进行了真正的对话，这种对话，不是寻常的"访问记"，而是托多罗夫事先详细研究了贝尼舒的思想，"向他表述对他的思想所做的阐释使他得以说出他的赞成或反对意见，并回答我在这一阅读中遇到的问题。"③ 在这样的对话中，托多罗夫和贝尼舒都并不试图抹去自己的观点，无条件地附和对方，也不是和对方争执到底，试图以自己的见解压倒对方；而是把自己的见解放在与对话者商讨的位置，给对方留出思考空间和发表见解的权力。他们原本地记录了他们的对话，其间的分歧仍然保留。虽然我们不便对他们的观点进行简单的是非对错的判断，但就此种对话形式所体现出来的宽容、谦逊、理解和尊重的精神却已经昭示了托多罗夫所提倡的对话批评的精神。

托多罗夫把和保尔·贝尼舒的对话论题分为两大部分：文学和批评。在文学部分下，他们讨论了文学的定义、文学中艺术成分和意识形态的关系、社会对文学的决定关系等。托多罗夫认为贝尼舒抛弃了最有影响的对文学的定义，也就是古典的定义和浪漫主义的定义，而是主张一种更广泛的文学观，把文学看成"公共话语（也就是意识形态话语）和艺术话语的交叉"④。贝尼舒并没有对托多罗

---

①*Critique de la critique. Un roman d'apprentissage*, Seuil, 1984, P133.
②*Critique de la critique. Un roman d'apprentissage*, Seuil, 1984, P141.
③*Critique de la critique. Un roman d'apprentissage*, Seuil, 1984, P144.
④*Critique de la critique. Un roman d'apprentissage*, Seuil, 1984, P146.

夫提出的定义做出简单的肯定或否定，只是认为这个定义比较空泛，但是紧接着他又对"意识形态"这个词作了重新界定，他去除这个词所包含的贬义，把它看成是"承载价值的精神活动"，是人类的一种主要能力，应该得到高度重视。①从这个意义上说，他间接承认了托多罗夫对自己的文学观的定义，看到了在他的作品中意识形态所起的作用。但是贝尼舒对托多罗夫提到的他对作品结构、修辞、叙述及体裁的忽视时，则提出了自己的反驳。贝尼舒认为，他从没有想过意识形态和艺术立场在文学中孰轻孰重的问题，也就是说，不是如托多罗夫所说的那样是一种理论原则立场，他自己的作品也不提供为一个理想的批评实践，而只是表达一种个人选择，换句话说，是个人喜好、倾向。贝尼舒认为自己之所以把主要精力放在所谓思想史的研究上，是因为它迎合了其"思想结构和好奇心偏好"，仅此而已。虽然他倾向于思想相对地优于形式的看法，但他也并不排斥出现相反的可能。② 也就是说，贝尼舒承认，文学既涉及艺术，也涉及意识形态，思想和形式是文学的两个同样必要的组成部分。

在接下来就文学批评进行对话时，两人就当前的批评方法、批评流派和贝尼舒自己的批评实践进行了阐释。托多罗夫认为贝尼舒对当前的批评方法进行了批评的态度，同时对他对新批评（包括结构批评、无意识批评等）的态度有所保留。不过，托多罗夫极为赞赏的是，保尔·贝尼舒超越了斯宾诺莎对作品意义和真理的划分以及对真理的排除，在他的批评作品中体现了对真理的探求，这种真理，不是描述的真理而是伦理的真理。③ 贝尼舒在附和托多罗夫的阐释上，同时指出，探索作品意义和评价作家思想极其容易混淆，"批评家的任务就是尽其所能地使两者朝着一个互相调和的方向前进"。④

正是与保尔·贝尼舒的对话，直接启发了托多罗夫对话批评这一概念的诞生。在《批评之批评》一书的结尾，托多罗夫以"对话批评？"为小标题，提出了他的这一批评设想。

---

① *Critique de la critique. Un roman d'apprentissage*, Seuil, 1984, P146.
② *Critique de la critique. Un roman d'apprentissage*, Seuil, 1984, P148.
③ *Critique de la critique. Un roman d'apprentissage*, Seuil, 1984, P174.
④ *Critique de la critique. Un roman d'apprentissage*, Seuil, 1984, P175.

## 5.2 文学的异质观

那么,托多罗夫的对话批评到底是什么?其理论依据和实践方法是什么?

首先,对话批评是一种文学批评观,这一批评观是建立在文学的异质观（hétérogénéité）上的。在经过漫长的探索,尤其是对历史上所出现的各种文学观进行了梳理之后,托多罗夫发现,无论是从文学的本质、文学的功能、文学的发生学,还是从文学与自然界的关系等各个角度来看,对文学下一个定义是极为困难的。西方自德谟克利特以来的古典主义的文学观都持摹仿说,认为艺术摹仿自然,文学就是用语言对现实世界的摹仿。这种摹仿理论受到了很多批评,比如为何有的摹仿是文学,有的摹仿不是文学?神话并不是对现实世界的再现,可这并不妨碍希腊神话故事成为文学作品。那些对真实生活再现的自传,又是如何评判此为文学彼为非文学呢?而与之相对的浪漫主义文学观,把美放在首位,而美又和作品的不及物、非工具性相关,因此对文学的形式因素——语言倾注了更多的关心,认为文学是把注意力引向自身的、具有自身目的的语言系统。然而,这样一种文学观如何说明同样具有自身目的的、有着严格结构系统的司法、政治、广告话语不成为文学?定义困难,在西方如是,东方亦然。《诗经》之为文学巨著,在孔子看来,是因为其"兴观群怨",这短短四字,所体现的文学观涵义丰富,已经涉及文学创作、文学心理、文学伦理、文学社会功能等多个方面。屈原的《九歌》本是祭祀鬼神的祭文,却成为千古之绝唱。可以这样说,从来就不曾存在一个人人可以接受的普遍的文学定义,西方人与东方人不同,古代人与现代人相异。正如蒂尼亚诺夫早就指出:

> 要给文学下一个一成不变的定义越来越难了,不论每个时代人都能给我们指出什么是文学现象……一生中曾见过一次、两次或更多次文学革命的已达耄耋之年的现代人会告诉我们:从前,某一件事情不是文学现象,而现在则成了文学现象,反之亦然。[1]

对文学下一定义的困难,反映出了文学与其他学科、其他领域的关系错综复

---

[1] Tynianov, Le fait littéraire, in *Critique de la critique. Un roman d'apprentissage*, Seuil, 1984, P35.

杂。首当其冲的是文学与语言的关系：语言是文学的工具还是文学的本质？语言表达的是文学的形式还是内容？文学体裁的划分是否仅仅是话语类型的区别？又比如文学与历史的关系：文学与历史的分界在哪里？希罗多德的《历史》、司马迁的《史记》，之为文，抑或是为史，实难分辨。文学文本是否仅是历史的备忘录，抑或是对历史的重新阐发？文学体裁是特定社会历史的产物还是自身发展的结果？还有文学与心理学也难分你我：文学文本是否是创作者的个人心理的体现？创作者的心理决定了作品人物的心理等等。推而广之，文学与社会，到底是文学是现实世界的反映，抑或现实社会决定了文学创作？文学在遵循自身体裁、结构、韵律的内在约束的同时，能否摆脱意识形态的束缚？往更深处思考，文学与伦理、与哲学之间的关系也让人无法漠视：文学是生产活动的基础，还是上层建筑？是生产意识形态，还是意识形态生产的结果？文学是只需要描写社会事实，还是需要体现真理和价值？

　　凡此种种，文学定义的困难、文学与其他学科领域的复杂关系，都让人对"什么是文学"这一问题找不到答案，或者说，托多罗夫认为旧有的答案都不尽如人意。现存的任意一种对文学的定义都无法完全让人信服，无法囊括所有的文学现象。究其原因，是因为这一事实："文学公开承认它的异质性：文学既是小说也是宣传手册，既是历史也是哲学，既是科学也是诗。"[①] 托多罗夫发现的这一异质性，较好地对错综复杂的文学作品和文学现象做了一个解说。

　　文学的异质性，首先体现在文学现象的演变、文学体裁的发展上。文学体裁本身就是一个不停地变化的过程。一个时期有一时期的主导体裁，曾经在一时期不成为主要文学体裁的在另一时期则会占主导地位；此时不为纯文学的，彼时则变成高雅文学。史诗只在古希腊兴盛，而小说在进入现代社会之后才蓬勃，这种体裁的演变本身就是异质文学体裁之间力量此消彼长的结果。大仲马的小说甫出之时，只是通俗小说，如今却施施然进入七星文库，成为法兰西的珍贵文化遗产；张爱玲的小说刚出道，也只有傅雷看好，之后的夏志清却在其《中国现代小说史》中浓墨重彩地为其唱赞歌，直至今日有一大片的"张迷"；被称为"成人的童话"——金庸的武侠小说，现在也堂而皇之地进入了语文课本。

　　文学的异质性，还在于文学系统与其他学科系统的交叉上，在于文学的开放性和跨界。如前所说，文学"既是历史也是哲学，既是科学也是诗"，这句话点

────────
① *Critique de la critique. Un roman d'apprentissage*, Seuil, 1984, P192.

出了文学与历史、哲学、科学等学科的关系。应该说，托多罗夫对于文学跨界这一点的强调比前一点更加突出。在他看来，文学不只是局限在其系统内部，也和文学系统外有着联系。他认为，"文学并不是一个统一体，它是由文学成分的形式方法和意识形态要求（以及其他一些东西）组成的；它并不只是对真理的追求，但它也是对真理的追求。"① 在这里，托多罗夫仍然执着于文学观上的两分法，只不过，他不再像早期那样坚定地站在追求"文学性"的"内在论"一边，而是看到了两者的长处，把两者结合起来，他指出："索尔仁尼琴（Soljenitsyne）、昆德拉（Kundera）、君特·格拉斯（Günter Grass）、托马斯（D. M. Thomas）的作品并没有把人封闭在文学的旧观念之中，它们既不属于'为艺术而艺术'的文学，也不属于'介入文学'，这些作品意识到自己既是文学的结构，也是对真理的探索"。②

由此，他认为不能用一种绝对纯粹的文学观来看待文学。这种文学的异质观，其实和托多罗夫自身的经历有关：如本书前言中所述，他具有双重属性。而他从自己的流亡经历意识到了文学的"流亡"，从自己的双重属性得出了文学观的双重属性，从自身的"他性"发现了文学的"他性"。文学，也和作为移民的托多罗夫一样具有双重属性，是无法纯粹地、绝对地用二元论中非此即彼的观念来定位的。

对话批评就此出场。托多罗夫正是认识到文学是异质的，才试图寻找一种"正确的"文学批评观。

## 5.3　超越两分法的对话批评

对话批评首先是一种超越，是对文学上历来存在的二元对立观的一种超越。二元对立的思维模式在西方由来已久，广泛存在于哲学、美学、文艺概念当中。文学上的这种二元对立本来是来自于结构主义语言学，两个要素比如音位之间的差异形成一种对立，应用到文学上，具体可以表现为自律与他律、形式与内容、审美与政治、事实与真理、手段与目的等各个小的范畴，或者简化为韦勒克所说

---

①  *Critique de la critique. Un roman d'apprentissage*, Seuil, 1984, P189.
②  *Critique de la critique. Un roman d'apprentissage*, Seuil, 1984, P192-193.

的内部研究和外部研究的对立，或者托多罗夫在《批评之批评》中所称为的内在论批评和教条主义批评的对立。诚然，这种二元对立可以突出特征，可以让人更加深刻、尖锐地发现隐藏在事物之后的特点；但是，非此即彼的二元对立也是一种简单机械的划分，是一种桎梏，它简化了人们对事物的认识，掩盖了事物的复杂性，也僵化了人的视野，阻止了人们在一个更广阔的视域中去研究问题，正如马克思批评黑格尔时所说的"深刻的片面性"。这种二元对立的思维模式，归根到底是对他者和他性的畏惧、压制和放逐。栾栋先生在《文学他化论——关于文学的三悖论考察》中就这样总结：

> 古今中外的理论家，关于文学的思想不外乎两个大端，一是从文学的所谓内在的必然联系为文学寻找存在的理由，一是从文学与某种外在事物的关系方面说明文学的寄生或受制原因。前者大都阐发的是文学的文学性，后者主要论证的是文学的他律问题。就理论上的完整性和逻辑上的统一性而言，上述两个大趋势都有自己的特点和历史性贡献。可是一旦我们从任何一方的对立面审视，各方的优点和缺点又呈现出矛盾的甚至是敌对的现象。这种现象实际上是一种自体性症状，该症状的特点集中表现在自封闭和排他性两个方面。治疗自封闭和排他性都需要开放性的心态和开放性的眼光。①

应该说，托多罗夫总是在与历史潮流的对话中不自觉地选择了二元对立中的一极：因为在保加利亚的文艺批评中看到人们只以"人民性"和"党性"这种意识形态立场来衡量一部文学作品，所以到法国之初，毅然决然地站到了二元对立的另一边——文学的内部分析，只强调文学的内在性和抽象性，只描述文学话语的运作方式这一事实现象而不作任何外部的价值判断。然而，通过历史考察，他又发现了内在论批评和教条主义批评并非泾渭分明，他曾经认为的文学内在论的追随者和实践者都在某种程度上有着教条主义的影子，都是受到某种外在的意识形态的影响。绝对的内在论批评和教条主义批评都是不可能的了，至少在《批评之批评》一书提及的批评家和作家是如此。文学是异质的，文学批评也不可能在二元对立中做出非此即彼的选择。因此，托多罗夫提出了对话批评，试图超越这种二元对立，超越这种二者必居其一的矛盾冲突。正如他在《批评之批评》的前言中所说的那样："我的主要兴趣在于一切能让人超越已具雏形的二分法的

---

①栾栋：《文学他化论——文学的三悖论考察》，载《学术研究》，2008年第6期。

东西。更确切地说，在我分析的作者中，我寻求那些对'浪漫主义'美学与思想提出置疑但也并不就此回到'古典主义'教条中去的那些思想观点。"①

朱立元认为"20世纪西方哲学的现代性标志之一，是不断寻求对传统形而上学二元对立思维方式的超越。"② 他列举了胡塞尔、海德格尔、加达默尔以及德里达、哈贝马斯这些哲学家用来超越二元对立思维的构想。这其中最令人感兴趣的是加达默尔的现代诠释学的观点：在理解中，总存在前见、偏见、前理解，这是理解的"现在视域"，而过去的"传统视域"被认为是纯客观的历史现象，历史客观主义总把"现在视域"和"传统视域"当成理解主体和理解客体（对象）一分为二地、孤立地对立起来；而加达默尔反其道而行之，指出"理解其实总是这样一些被误认为是独自存在的视域的融合过程"。③

法兰西学院院士程抱一在其艺术哲学的探索中提出了另一种超越二元对立观的思想——"三元论"。他引用了《道德经》第42章中的一段话："道生一，一生二，二生三，三生万物。万物负阴而抱阳，冲气以为和。"

程抱一从这段话中发现了在常规的阴阳对立之外的第三极：

> 简单地说，原初的"道"被视为至高无上的"虚"（le Vide suprême），从中产生了"一"，"一"不是别的，正是"元气"。从元气中产生了"二"，"二"体现为两种气——阴和阳，在阴阳的相互作用下产生了万物。然而，在"二"和"万物"之间存在着"三"。④

对于这个"三"，他分别从儒家和道家两种角度做出了解释：

> 根据道家的观点，"三"代表着"阴气"、"阳气"与"中空"（或"中气"）的结合。"中空"产生于至高无上的"虚"，获得了"虚"的全部能力，在"阴—阳"的和谐运行上是必不可少的；"中空"将两种主要的气引入了一个相互转化的过程；没有"中空"的话，"阴"和"阳"就保持静止不动，缺乏生机。正是这种三元的关系（中国思想不

---

① *Critique de la critique. Un roman d'apprentissage*, Seuil, 1984, P14.
② 朱立元：《超越二元对立的思维方式——关于新世纪文艺学、美学研究突破之途的思考》，载《文艺理论研究》，2002年第2期。
③ 朱立元：《超越二元对立的思维方式——关于新世纪文艺学、美学研究突破之途的思考》，载《文艺理论研究》，2002年第2期。
④ François Cheng, *L'écriture poétique chinoise, suivi d'une anthologie des poèmes des Tang*, Seuil, 1977, P29-30.

是二元而是三元的；在所有成对事物的内部，"中空"构成了第三元）产生了万物，成为万物存在的模式。因为存在于"阴——阳"这两个对立概念内部的"中空"同样存在于万物的中心；给万物注入了气和生命，"中空"使万物与至高的"虚"保持联系，使它们相互转化，达到统一。①

根据另一种与儒家思想密切相关的观点（这种观点又被道家所吸收），"三"从"二"产生，意味着"天"（阳）、"地"（阴）和"人"（在精神上具有天与地的品质，心中具有"虚"）。根据这种观点，三个实体天——地——人之间的关系成为万物存在的模式。在这之中，"人"作为第三元介入大自然的创造，从而具有了额外高的尊严。他的角色从来不是被动的，如果天与地具有活动性的意愿和能力，那么，"人"通过他的感知和意愿，在与其他两个实体以及与万物之间的关系中，为实现这种普遍性的转变作出了贡献。这个转变的过程始终向着"神"的方向发展，"至高之虚"是实现这个转变的保证。②

根据这个"三元论"，程抱一在《对话——一种对法语的激情》中指出了西方传统的二元论思想存在着缺陷，而中国传统思想中则有这第三元的因素，从"二"中产生，并使得"二"超越自身。他认为，正是因为中国思想懂得"三"的重要性，"三"能超越"二"，并担负"二"的任务，从这一点上说，中国优于西方。③

这种对第三元的追寻，是程抱一在中西哲学对比上得出来的思考。这种哲学思考，和朱立元提到的那些现代西方哲学家试图突破二元对立的思考有异曲同工之处。而在文艺批评领域，托多罗夫的对话批评就是对超越文学批评观二元对立的尝试，是探索在二元对立之外的另一种可能。他的对话批评当然是受到了哲学上对二元对立思维超越的启发（当然也有巴赫金在文艺批评上的实践在前），是哲学思考在文学批评实践上的应用。对话活动中你来我往的平等交流让人看到了

---

①François Cheng, *L'écriture poétique chinoise, suivi d'une anthologie des poèmes des Tang*, Seuil, 1977, P30.

②François Cheng, *L'écriture poétique chinoise, suivi d'une anthologie des poèmes des Tang*, Seuil, 1977, P30 – 31.

③François Cheng, *Le dialogue, une passion pour la langue française*, Desclée de Brouwer, 2002, P87 – 88.

均衡发展、不打压任何一方的希望。于是托多罗夫提出,"批评是对话,它非常乐意公开承认这一点;它是作家与批评家两种声音的对话,没有谁对另一方有特权。"① 教条论批评、内在论批评都是一言堂,都拒绝与对方对话,抹杀对方的声音。他们要么让人只听到批评家的声音,比如教条论者、主观论者、印象论者;要么只让人听到作家的声音,比如那些讲求实证的历史主义者;要么把与作家融为一体奉为理想,等等。因此,对话批评就是对这种非此即彼的、单极的批评的超越,让我们不止听到一个声音。"对话批评不是谈论作品而是面对作品谈,或者说,与作品一起谈,它拒绝两个对立声音中的任何一个。被批评的作品不是应起'元语言'作用的物,而是批评家所遇到的话语,被批评的作家是'你'而不是'他',是我们与之探讨人类价值问题的对话者。"② 这样,各个不同的声音都在对话中体现出来,原有的两个对立声音不再是互相排斥,而是"彼此契合、互相交叉、互相补充"的。在这里,托多罗夫借鉴了马丁·布伯在《我与你》一书中提出的"我—他"关系和"我—你"关系,"我—他"关系是把他者当做无生命的物,不能与"我"产生互动,而"我—你"关系则是一种真正的关系,这种关系就是对话关系。托多罗夫认为被批评的作家是"你"而不是"他",正是希望与"你"建立起真正的对话关系,走出以往非"我"即"他"的二元关系。

栾栋在《文学他化论——关于文学的三悖论考察》用"他化"来说明在文艺观上对二元对立的破除。不过这个"他"却和托多罗夫提到的"他"意义迥异。托多罗夫的"他",是没有与研究者产生互动的客观他物,观察他,研究他,却不与他发生互动。而"文学他化论"中提出的"他",在笔者看来,类似于程抱一在哲学上提出的第三元:

> 他是你我之外的第三者。他和你我一样,都有可能是平衡性或否定性的一极,非常关键的是后者即便是一个坏的因素,他的参照性、牵制性和调节性作用不可或缺。因他的出现,我与你或我与对象,或你与对象的关系在格局上发生了变化。……由于他者的投光和在场(哪怕不在场),你我之间的各种关系都有了新的调整。真实的味道在"品"字三口中形成,公平的关系在"众"相多人中建立,"协"和的氛围在戮力

---

① *Critique de la critique. Un roman d'apprentissage*, Seuil, 1984, P185.
② *Critique de la critique. Un roman d'apprentissage*, Seuil, 1984, P185–186.

齐心中酝酿。真正的公正和相对的公正，只有在打破二人结构时才有可能形成。文学中最强大的作用力是我的活动，在许多情况下，你是我作用磁场的附件，他是我叙事方式的道具，但是当他作为叙事中心，作为我和你都必须参考、敬畏和成全的一个重要存在之时，作为我主体从事文学活动的制约性尺度之时，不仅我和你因之无法一厢情愿地独占鳌头，而且我与你之间锱铢必较的斗争和心照不宣的默契也随之打破。①

从某种意义上说，托多罗夫的对话批评远没有达到上述哲学理论上的高度，既不是纯粹哲学的思辨，也没有严密的逻辑和辩证的论述。他的对话批评的结论，首先来自自己的文学批评实践和不停的反思、发展，其次是对文学批评的历史考察，另外还有对巴赫金的发现。他的对话批评，带有极强的个人印记，是对自己所从事过的批评方法的再批评，所以他把自己的书叫做"批评之批评"再恰当不过了。

此外，如果再进一步深入地思考托多罗夫的对话批评，会发现他对二元论的超越是不完全的，仍然走不出两分法的窠臼。

早在《象征与阐释》中，托多罗夫在梳理了两种阐释观之后，就提出过两种阐释观的区别只是量的不同而已，而非质的区别，"差异存在于阐释活动中光明部分和黑暗部分的分配"。② 托多罗夫把两分法只看成是量的不同而没有质的区别，看不到二元对立之间量变引起的质变，抹杀了两分法在哲学意义上本质的区别，更看不到在二元对立间存在的第三者。如前文所引，托多罗夫认为，"被批评的作家是'你'而不是'他'"。在这里，托多罗夫只看到"我"和"你"的对话，而没有看到"他"的出现。他没有看到在对话中，"我"不再是"我"，"你"也不再是纯粹的"你"，只看到"我"和"你"之间对立，却忽视了彼此之间的互动融合之后的变化。

这种在哲学观上的局限，导致托多罗夫的对话批评是不能贯彻到底的，不能实现的。究其实，托多罗夫也没有就对话批评提出更为具体的操作实践方法，带着一种比较理想化的气息。他只是把对话批评当成一种调和原则，用来调和二元对立中的对立两极的矛盾。他不只一次地表示要平衡两者，可是平衡很难做到，结果就像钟摆，在对立的二元中摇摆。这种摇摆，可以从他之前出于反对教条主

---

① 栾栋：《文学他化论——文学的三悖论考察》，载《学术研究》，2008 年第 6 期。
② *Symbolisme et Interprétation*, Seuil, 1978, P162.

义而站在形式主义的立场看出来，也可以从现在他宣扬的传统的教条论显现。笔者注意到这样一个事实：如果说在其文艺批评生涯的第一阶段，托多罗夫大张旗鼓地宣扬文学的形式主义、文学的内在性的话，到了《批评之批评》这一阶段，尽管他已经接受了文学的异质观，但是更加看重文学与外在的伦理、价值、意识形态的关联了。这一倾向可以体现在他对书中选取的批评家、作家思想的分析上：他总是一方面指出这些人所具有的源自浪漫主义美学的文学内在观的思想，另一方面又不忘分析其后隐藏的意识形态立场，甚至对自己曾经从事的结构主义批评也作出如此评价："我过去一直以为是中性方法及纯描述概念的东西现在却成了某种明确的历史选择的结果（这些结果本可以是另外一种样子），另外这种选择也必然要在意识形态上反映出来。"[1] 到了此书最后，他更是肯定地断言："文学是与人类生存有关的、通向真理与道德的话语。……如果文学不能让我们更好地理解人生，那它就什么也不是。"[2] 2007 年，托多罗夫在其新出的《濒危的文学》中批评说当今法国的文学已经沦为荒诞，这一荒诞体现在文学创造上，就是形式主义、虚无主义和唯我主义倾向，这些思潮"谋杀了文学"[3]。托多罗夫认为这是一种狭隘的、贫瘠的、荒谬的思想，它将文学与世界割裂了开来，因此文学的现状就如同他书的题目一样，"濒临危险"。[4] 托多罗夫通过追溯文艺复兴以来、历经启蒙运动、浪漫主义直至先锋派的历史，说明现代美学思想的发展，阐释文学与外部世界的关系，并以此说明文学研究要"重新回到研究人，研究人与自己的关系、与世界的关系、与他人的关系"[5]；"文学的目的是人的状况，阅读理解文学的人不是要变成文学分析家，而是成为了解人类存在的人"[6]。尽管托多罗夫并没有彻底否定他曾经实践的内在论批评，但是他为文学预设了一个终极目的，就是理解人、理解人生，而任何的批评方法都是为实现这一目的而可以选择的方法。在这本书中，对话批评的概念不见踪影，被所有批评方法的综合而代替，为了外在的目的而服务，笔者不得不承认，托多罗夫似乎又偏向了二元对立中的另一端。

---

[1] *Critique de la critique. Un roman d'apprentissage*, Seuil, 1984, P182.
[2] *Critique de la critique. Un roman d'apprentissage*, Seuil, 1984, P188.
[3] *Littérature en péril*, Flammarion, 2007, P88.
[4] *Littérature en péril*, Flammarion, 2007, P17 – 36.
[5] *Littérature en péril*, Flammarion, 2007, P85.
[6] *Littérature en péril*, Flammarion, 2007, P88 – 89.

由此，笔者认为托多罗夫借用"对话"来给他提倡的这种批评命名不是没有道理的。他希望看到对立双方的调和，希望彼此对各方没有压制，于是他想到了对话这一极其形象的关系结构，想到了对话所暗含的平等交流关系，便用对话来给这一批评方法命名。可是，对话并不是对等，也不是对立二元之间的平等对立或无条件相加；对话中有"我"有"你"，更有看不见的"他"，正是"他"让"我"和"你"都在发展变化，变得"我"非"我"、"你"非"你"。从这点来说，托多罗夫的对话批评只进行了一个层次，也就是与对话者平等对立的关系这一阶段，但是没有继续去进行接下来一个层次的超越。

　　当然，尽管托多罗夫的对话批评并没有彻底地摆脱二元对立的思维枷锁，我们也不能完全抹杀他这一概念的意义。托多罗夫已经看到了传统二元观的局限，也试图能从中走出，其结果最后仍未明朗。但正如托多罗夫喜欢引用的莱辛的一句话："人的价值不在于他所掌握的真理，或他以为掌握的真理，而在于寻找真理当中所付出的诚挚和艰辛。"对话批评只是他寻找途中的一个驿站，有着先天的未完成性和开放性，我们应该看到他的局限，也不必忽视他在寻找途中的努力、真诚以及坦诚的勇气。更何况，"批评就是对话"，他的观点等着来者的回应，笔者的观点也只是一家之言，更期待着有众多的回响，让对话持续而热烈，让思维更活跃，让思想更精深。

# 第 6 章

## 伦理的对话

## 6.1 自我与他者

如前言所述,对话是一种言语对话活动,也是一种关系结构的暗喻。对话本质上是对立的两者或多者之间的一种关系,而这个关系,追溯到人的本质上,就是他性问题,就是自我与他者的关系问题。"对话人生的基本运动是转向他人",马丁·布伯如是说。① 托多罗夫的对话生涯也如此,不可避免地转向了他人,转向对自我与他者关系的研究。或者如其所说,对于一个移民者来说,他性问题是生存基本问题,是他不可回避的主题。正如托多罗夫评价自我与他者的他性问题在巴赫金思想体系中的地位之时所说的那样:"不是巴赫金的思想新颖,而是这一思想在他的思想体系中所占的地位以及这一思想所导致的后果"②,我们也要说,这一问题在托多罗夫的思想体系中占据了越来越重要的地位,并使得他的研究方向和研究领域发生了转变。

自我与他者的关系问题,是从哲学人类学上把人的本质进行二分法进行认识时产生的命题,是对主体的探讨,也是同一与差异的问题。回答他者是谁的问题,就是回答:我是谁? 我从哪里来? 我要到哪里去? 因此这是从哲学本质上对人的本质进行剖析。从古典哲学至今,对这个问题进行过论述的,不计其数。托多罗夫在《米哈伊尔·巴赫金与对话原则》一书中简单回顾了关于这个问题的各种思想,在此笔者引用一下,并结合其他相关的哲学论点,对这个问题做一个大概的理论综述,作为介绍托多罗夫关于自我与他者思想的理论背景与参照。

古典哲学中强调主体的理性统一,具有笛卡尔所说的理性、意识,黑格尔在《精神现象学》中继承自笛卡尔、康德以来的主体论,但是他列出了主体的启蒙线路图,即从意识、自我意识、理性、精神,直到绝对精神。他认为,自我意识发展依赖另一自我意识,两者结为一种主/奴关系。③ 黑格尔这一论点堪称"自我/他者"关系命题的哲学起源。他还认为,在绝对精神状态下,意识战胜了异化危险,与世界合一。所以,自我与世界的关系就是一为二、二为一的关系。

---

① 马丁·布伯:《人与人》,张见、韦海英译,史雅堂校,北京:作家出版社,1992年,第34页。
② *Mikhaïl Bakhtine, le principe dialogique*, 1981, P152.
③ 黑格尔:《精神现象学》,贺麟等译,北京:商务印书馆,1997年,第127页。

如果从具体论述而言，在黑格尔之前的德国宗教哲学家弗里德里希·雅各比（Friedrich Heinrich Jacobi）就已经提出："没有'你'，'我'是不可能的。"他也看到了我—你之间的关系，尽管这个"你"是指上帝。费希特（Fichte）在1797年写道："个人意识必须伴有他人的、你的意识，只有这样才能存在。"洪堡（W. von Humboldt）在1827年则提出"对于他自己的思想而言，人渴望与'我'相对应的'你'。"费尔巴哈在1843年提出"真正的我就是与你相对的这个人，它同时又是一个与另一个我相对的'你'。"① 应该说，这些对自我与他者关系的论述，都是从笛卡尔的主体意识、理性出发来进行论述的。

对自我与他者关系做了更明确的论述的是马丁·布伯的著作。他先后在《我与你》、《人与人》中讨论人的本质，将人的本质定位在人与人的关系上。他分析了两种关系："我—它"关系和"我—你"关系。他认为"我—你"关系才是真正的关系②。"'我'与'你'只实存于我们的世界，因为人实存，而且只有通过与'你'的关系，'我'才实存。"③ 只有"我"与"你"的对话才是真正的关系。布伯在这里提到的"你"是指上帝，是绝对的"他者"。他的思想对后人研究他性问题具有极大的启发。马克思就指出"人是一切社会关系的总和。"萨特在《存在与虚无》中花三分之二的篇幅谈论他人，谈论自我与他人的关系，认为"他人是地狱"，但要理解自我就要理解他人，"为自我也就是为他人"。托多罗夫在《我们与他们》中就斩钉截铁地说："不认识自己绝不可能认识他人，认识他人和自我只是同一件事。"④

进入20世纪，对自我与他者的他性问题的研究更加深入，而且不再局限于哲学家在思考这个问题，人文科学的多个学科都涉及他者问题，归纳起来，可以归纳为空间上的他者、时间上的他者和自我内的他者。⑤ 空间上的他者是自地理大发现以来一直被重视的，到了20世纪更随着人类学的发展而蓬勃，勒维-斯特劳斯通过实地考察发现了巴西原始社会的血缘关系结构，这是存在于另一个空间

---

① *Mikhaïl Bakhtine，le principe dialogique*，Seuil，1981，P151.
② 见本书前言介绍。
③ 马丁·布伯：《人与人》，张见、韦海英译，史雅堂校，北京：作家出版社，1992年，第277页。
④ *Nous et les autres. La réflexion française sur la diversité humaine*，Seuil，1989，P31.
⑤ François Dosse，*Histoire du Structuralisme. 2，Le chant du cygne，1967 à nos jours*，La Découverte，1992，P252.

的人类他者形象。而时间上的他者则是历史人类学家的研究发现的，让-皮埃尔·韦尔南（Jean-Pierre Vernant）等人通过分析希腊的神话和生活，发现了那个时代与当今市民时代的差异，找到了存在于那个时间的"他者"。精神科学的发展促进了人们对自我内的他者的研究，自从弗洛伊德发现人自身内存在的自我、本我、超我的差异起，对主体的同一性认识就产生了争议，"无意识的建立也许可以看作是发现自我身上的他者的顶点"①。到了拉康，他更是发现了小写的他者（autre）和大写的他者（Autre）。

托多罗夫对自我与他者这个他性问题的关注，并非如其在《批评之批评》前言中而言，只是始于构思《象征理论》、《象征与阐释》的同一时期，② 而是早在研究诗学之时已经谈到了。他的《他性：地下室手记》先后收录在《散文诗学：叙述新研究》和《话语体裁》两书当中。此后，在《米哈伊尔·巴赫金与对话原则》一书中他也介绍了巴赫金关于他性的论述。③ 其后，在《征服美洲：他者问题》、《我们与他者》、《历史伦理》等书中，托多罗夫不断地对这个问题进行思考和挖掘。

## 6.2　空间的他者

托多罗夫是通过发现遥远空间的他者——美洲来开始他对这个问题的思考的。他首先是在《征服美洲：他者问题》（以下简称《征服美洲》）一书中讨论这个问题的，之后在《历史伦理》一书中再次提及。

《征服美洲》一书的出版其来有自。那是1978年春，他去往墨西哥教授批评史的课程，在那期间，无意中发现了一本关于征服墨西哥的叙事，于是深入其中，研究起来。当然，这个题材本身对托多罗夫也很有吸引力，因为对于一个"失去家园的人"，他本人的身份决定了他对这类文化的相遇抱有兴趣。托多罗夫认为，所有的这些故事其实就是说他自己。从这个方面说，征服墨西哥的历史，是用大写字母写就的他个人小历史的绝妙隐喻！④

---

①*Conquête de l'Amérique. La question de l'autre*, Seuil, 1982, P309.
②*Critique de la critique. Un roman d'apprentissage*, Seuil, 1984, P9.
③关于这两书中对他性问题的探讨，本书已另辟章节论述。
④*Devoirs et Délices. Une vie de passeur*, Seuil, 2002, P181.

## 第 6 章 伦理的对话

正是在这本书中，托多罗夫发现了"他者"。在这本书的一开头，托多罗夫这么写：

> 我想谈谈"我"对"他者"的发现。这个主题是宏大的。一旦在宏观上构建就会发现它分裂成不同的范畴和无穷的方向。人们可以在自己身上发现许多他者，意识到自己并非同质，而且从根本上与其自身不同，也就是说：我就是他者。但那些他者也是一些我，和我一样的主体，只是在我看来所有人都是在"那边"而只有我在"这边"，是我的观点真正地分离了我，区别了我。我可以把这些他者构思成一个抽象体，就像任一个体的心理外形实体，相对于"我"的大写的他者；或者把他们构思成"我们"不属于的一个具体社会群体。这个群体可以在社会内部：比如女人之于男人，富人之于穷人，疯子之于"正常人"；这个群体也可以在社会外部，也就是可远可近的另一个社会：在文化、伦理、历史角度非常接近我们的人，或者一些陌生人、奇特的人，我既不懂他们的语言也不懂他们的习俗，其特异之极，让我怀疑是否要承认我们共属于同一个物种。我选择的就是这个外部的遥远的他者问题，有点随心所欲，因为要开始做一个永远不会结束的研究，人们不能一下子什么都谈。①

托多罗夫认识到他者问题是个非常复杂的问题，可以以各种面目在不同领域出现，可以有很多范畴，也要经历很多的等级，"人们也许终其一生也不曾完全地发现他者"。② 但是认识他者又是非常必要的，如果不能正确认识他者，就会产生如西班牙人屠杀印第安人这样的极端行为。为了便于研究，他选择了一个明显的、便于区分的出发点，就是"外部的遥远的他者"，具体来说，就是美洲。在研究这个空间上的他者时，他又给自己定了三一律：

> 时间一致：哥伦布第一次旅行后的一百年，大致上来说是十六世纪；地点一致：加勒比海群岛和墨西哥地区（有时候人们称之为中美洲）；最后情节一致：西班牙人对印第安人的感知是我唯一的主题，除了一个例外，就是关于莫科特祖玛（Moctezuma）及其亲人。③

---

① *Conquête de l'Amérique. La question de l'autre*, Seuil, 1982, P11.
② *Conquête de l'Amérique. La question de l'autre*, Seuil, 1982, P307.
③ *Conquête de l'Amérique. La question de l'autre*, Seuil, 1982, P12.

概括地说，托多罗夫在这本书中讲的就是欧洲人发现和征服美洲的故事，讨论互为他者的欧洲人和美洲人是如何相遇、相互感知、交流、互动的。之所以要选择这一个遥远的他者，除了托多罗夫自己的工作、生活提供了研究便利之外，另外有两个原因，其一，托多罗夫认为："发现美洲，或者说发现美洲人，是我们历史中最惊人的相遇。"① 之所以"最惊人"，托多罗夫解释说，因为欧洲人从来就没有完全不知道非洲、印度、中国这些遥远异邦的存在，从起源以来对这些国家的描述和感知一直就存在。但是，在哥伦布发现新大陆之前，没有人对美洲有任何概念，也因此，"相遇"也从来没有达到如此的强度，如此的典型，如此的极端。第二个原因，托多罗夫认为，"正是征服美洲宣告和构建了我们现在的身份"，"我们全部都是哥伦布的直接后人"。托多罗夫声称，正是哥伦布横穿大西洋的1492年，标志着现代的起源，进入了一个拉斯·卡萨斯（Las Casas）所说的"一个如此崭新而又无与伦比的时代"。"从这个时期起，世界变封闭了（即使世界变得无穷了），'世界很小'，就像哥伦布自己不容置辩地宣称；人类发现了他们构成的总体，而在那之前，他们只是没有总体的一部分。"② 因此，探讨美洲问题，其实就是对自我与他者的研究，其实就是探讨人类的自我身份问题。

托多罗夫主要是通过阅读在这一事件中几个人物留下的一些叙述来考察其对发现、征服美洲这一事件的看法，从而进一步分析他们对自我与他者关系问题的态度。这中间涉及的人物有美洲的发现者——哥伦布、征服者科特斯（Cortés）和战败者莫科特祖玛，以及其他的思想家拉斯·卡萨斯、赛普尔维达（Sepulveda）、杜兰（Duran）、萨拉昆（Sahagun）等。通过阐释他们的独白或对话，解析每个人在面对美洲印第安人这一极端遥远的"他者"的行为和态度，托多罗夫试图回答"面对他者该如何自处"这一伦理问题。

在叙述这一历史事件和这些人物的看法时，托多罗夫发挥了他的对话批评精神，想避免两个极端：

  第一个极端是让人原样听到这些人物的声音，试图让自己消失，更好地为他者服务。第二个极端是让他者服从我，将他者变为傀儡，控制他们。在这两者之间我不是选择了一个妥协地带，而是选择了对话的道

---

①*Conquête de l'Amérique. La question de l'autre*，Seuil，1982，P12－13.
②*Conquête de l'Amérique. La question de l'autre*，Seuil，1982，P113.

路。我质询、置换、阐释；但我也让他们讲话（这就是为什么那么多引文），自辩。从哥伦布到萨拉昆，这些人不是和我说同样的语言，但这不是再现他者而是让他者不受损害，也不是完全磨灭他者的声音。我想把他们看成我们对话的一个对话者，既远又近。①

也就是说，托多罗夫在作者"我"与书中人物"他者"之间建立一种新型的对话关系。他并不奢望可以不带任何偏见地去看待这些他者，承认"他者"的他性。同时他也不把自己的主观性强加于"他者"身上，他大量地引用他们的话，让他们用自己的话来表达他们的思想，又对他们的话提出自己的思考。这样一种对话关系，正是秉承他所提倡的"对话批评"的体现。

除了坚持对话的批评方式之外，应该指出的是，《征服美洲》一书是托多罗夫走出前期结构主义文学研究窠臼、进入其他的第一部著作，不可避免地带有前期的印迹。这就是为什么，在解析上述个人的行动和世界观的时候，托多罗夫仍然试图从语言符号学、从象征理论、从对话和交流的角度来分析。他分章节探讨了哥伦布、莫科特祖玛和科特斯对语言符号的生产和接受情况。他在此书的封底上介绍说，"这种伦理研究也是对符号、阐释和交流的思考"。在书中，他也一再强调："任何对他性的研究必然是符号学的；反之也是，符号学不能脱离与他者的关系来思考。"② 因此，对他者的感知和象征（符号）指示行为这两个主题在托多罗夫的这一研究中一直交织在一起，后一主题是用来说明论证前一主题的。

托多罗夫首先分析了美洲的发现者哥伦布的行为、世界观以及与他者的交流方式。是什么促使哥伦布出发前去寻找、发现美洲的呢？哥伦布给西班牙女皇的书信中不停地提到要找到黄金，要找到荣誉和财富，那么是不是发财致富的贪婪欲望使他踏上征途的呢？托多罗夫认为不是，他分析了哥伦布的书信，认为哥伦布之所以要不断地提起黄金，是靠着许诺黄金，靠着黄金的光芒才可以让其他人在困难时期安心，让远征的资助者——西班牙皇室安心。他之远航，并非为了"赢得荣誉和财富"，而是"带着纯粹的意愿和伟大的虔诚"。在他心中，扩张基督教比黄金更重要，正是为了基督教的世界性的胜利，为了"我们的主在世界上

---

① *Conquête de l'Amérique. La question de l'autre*, Seuil, 1982, P312.
② *Conquête de l'Amérique. La question de l'autre*, Seuil, 1982, P200.

扩张他的圣名和福音"这一目的，鼓舞哥伦布一次次远航。① 发现财富的需要和推广真主的愿望并不相互排斥，前者是手段，后者是目的。托多罗夫在这里把哥伦布比喻成堂·吉诃德，认为他幻想自己是十字军东征中的圣战士，自己的远航变成了解放耶路撒冷的十字军东征。托多罗夫认为，从这一点上说，哥伦布仍然是中世纪的精神状态，他不是一个现代人。尽管这看起来似乎很荒谬，一个非现代的人发现了美洲，接生了一个新世界，开启了一个不属于他的现代世纪。② 然而，也正是哥伦布那仍然是中世纪的精神状态决定了他在发现美洲这一过程当中的种种行为。

托多罗夫紧接着用他所熟悉的符号学分析了在哥伦布行为后面隐藏的世界观，也就是他阐释世界的方式。哥伦布的世界分为三个领域，一个是自然界，一个神的世界，第三个是人的世界。而哥伦布追寻的动机也因此分为三个：一个是人的（财富），一个是神的，第三个则是对大自然的享受（jouissance）。尽管哥伦布与神的关系影响甚至预先决定了他真实交流的形式，但是他只能和自然界、和人类有真实的交流。所以托多罗夫详细分析了他对自然界的符号和人类符号的阐释方式。

哥伦布对大自然符号的阐释方式随着他要达到的目的而有所不同，具体而言，托多罗夫将其分为三种。首先，当事关航行、事关探险的时候，为了顺利航行，他的阐释完全是实用主义的，为了利益而有效地解释大自然的符号：星辰、风向、水流、地形。其次，当涉及信仰、希望的时候，他是目的论阐释者，他"实践着一种'目的论'阐释策略，就像基督教教会圣师阐释《圣经》一样：最终意义一开始就给定了（即基督教教义），要寻找的就是联系初始意义（圣经文本字词的表面意义）和这个终极意义之间的道路而已"。③ 从这个意义上说，哥伦布并不是发现了美洲，他只是在他根据信仰"已经就知道"其所在的地方找到了它。最后，哥伦布仍然对大自然怀有一种"不及物的欣赏"，一种对美的绝对臣服，这种欣赏超越了所有的阐释和目的，是不具有任何目的性的纯粹的享受：树仅仅因为它是树、仅仅因为它的存在而被欣赏，而不是由于它可以做船桅的实际用途而被欣赏。

---

①*Conquête de l'Amérique. La question de l'autre*, Seuil, 1982, P19.
②*Conquête de l'Amérique. La question de l'autre*, Seuil, 1982, P22.
③*Conquête de l'Amérique. La question de l'autre*, Seuil, 1982, P27.

哥伦布对大自然符号的这三种态度，托多罗夫认为彼此之间是有联系的，存在着一种延续性，因为"大自然的符号是一些征兆迹象（indice），在两个实体（entité）之间存在着稳定的组合（association），阐释了其中一个就马上可以推理出另一个。"而"人类符号，并非简单的组合，符号并不直接连接声音与事物，而是通过意义的媒介，而意义是一种主体间真实。"① 那么，对于人类符号，哥伦布又是如何阐释的呢？

托多罗夫发现，哥伦布只对语言中的专有名词感兴趣。他对自己的名字、封号乃至子孙后裔的命名都做了严格的规定，对他发现的领土更赋予了新的专有名称。但是，专有名词是语言词汇中一个特殊的领域，它们"不具有意义，仅仅提供所指（dénotation），而并不是直接的人际交流；它们对自然即所指实体（référent）说话，而不是对人说话；它们就如同征兆迹象一样，是声音片段和世界片段之间直接的组合"②。也就是说，哥伦布的人际交流首先还是用来指称自然世界的。而对于其他的语言词汇，哥伦布不感兴趣，尤其对于外国语言。对他来说，语言是天生的，根本不存在各种各样的语言，——尽管他本人会讲多国外语。在他看来，所有语言都一样，这也导致了他远航的失败：他根据阿拉伯人的书去寻找亚洲，却不知道阿拉伯语言中的距离单位和意大利语言中的距离单位在实际上是不同的，导致了他错误地计算了航行的距离和方位，到了美洲还以为到了亚洲。因此，哥伦布不知道语言符号的多样性，这种无知包含两种反应，一种是承认那是一种语言，但是不认为它是不同的；另一种是认为那是不同的，但是却认为那不是一种语言。③ 漠视语言的差异性，尤其是漠视语言符号中用来与人际交流相关的部分，说明了哥伦布对人际交流并不感兴趣，他不喜欢与他者进行交流，处于完全的独白当中。

托多罗夫认为，哥伦布对他者语言的态度正反映出了他对他者的态度。

> 要么把印第安人看成是拥有同样权利的彻底的人类，不仅把他们看成是平等的，而且是同一的，这种行为导致了同化主义，导致将自己的价值观投射到他者身上。要么从差异出发，但是这个差异马上用高级或低级的术语表达出来（……）：拒绝一个真正另外的人类实体的存

---

① *Conquête de l'Amérique. La question de l'autre*, Seuil, 1982, P37.
② *Conquête de l'Amérique. La question de l'autre*, Seuil, 1982, P41.
③ *Conquête de l'Amérique. La question de l'autre*, Seuil, 1982, P43.

在……。这两种对他性体验的互补的形象,都是建立在自我中心主义之上,建立在自我的价值观同化为普遍的价值观之上,把他的"我"同化为世界,坚信世界是单一的(un)。①

具体到哥伦布身上,一方面,他认为印第安人是和西班牙人一样的基督的臣民,他寻找美洲本就是扩张基督教的影响,在这一点上他似乎是把他们看成是平等的;然而另一方面,他要从印第安人那夺取黄金,获得财富,一旦后者不答应,就要制服他们,使他们屈服,这其实已经把他们放在不平等的(低人一等的)地位上。"哥伦布就这样从原则上的平等——同化主义,走向了意识形态上的奴役,宣告了印第安人的低级。"②"在哥伦布的思想中,扩张信仰和迫使奴役是不可分割地联系在一起的。"③ 哥伦布一方面把他者看成"高贵的野蛮人",另一方面又把他者看成"肮脏的狗"、强大的奴隶,这两种表面看来相反的行为都建立在同一个基础上,就是不了解印第安人,拒绝承认他们是和自己拥有同样权利的、有差异的主体。因此,托多罗夫认为,"哥伦布发现了美洲却没有发现美洲人。"④

总结哥伦布对自我与他者的关系的态度,托多罗夫认为,他代表了那个旧时代人们对他者的态度,即他们发现了他性,同时又拒绝了他性:

> 发现美洲的整个历史、征服的第一阶段,就被打上了这样暧昧的印迹:人类的他性同时被发掘(révélée)和被拒绝(réfusée)。1492年在西班牙历史上已经象征着这个双重的运动:就在这一年,这个国家在Grenade的最后战役中对摩尔人取得了胜利,将犹太人赶出了它的领土,驱逐了内部的他者;同时它又发现了外部的他者,整个美洲变成了拉丁语的。……这两个行为的一致性,在于基督教信仰的扩张。……但是,我们也可以看出这两个行动是朝相反的方向发展的,互补的:一个驱逐了西班牙肢体中的异质性,一个又无可救药地将异质性引了进来。⑤

接下来,托多罗夫试图分析美洲的征服者科特斯和美洲阿兹特克人首领莫科特祖玛在面对他者时的态度。他首先提出了一个老问题:仅仅带着两百士兵的西

---

① *Conquête de l'Amérique. La question de l'autre*, Seuil, 1982, P58.
② *Conquête de l'Amérique. La question de l'autre*, Seuil, 1982, P63.
③ *Conquête de l'Amérique. La question de l'autre*, Seuil, 1982, P64.
④ *Conquête de l'Amérique. La question de l'autre*, Seuil, 1982, P67.
⑤ *Conquête de l'Amérique. La question de l'autre*, Seuil, 1982, P67.

班牙统帅科特斯为什么会征服拥有两万阿兹特克战士的莫科特祖玛王国？

原因当然是多方面的，比如莫科特祖玛面对科特斯时犹豫不决的绥靖态度、印第安人内部各个部落、阶层之间原有的内讧，西班牙人先进的武器等等。托多罗夫并不否认这些原因在西班牙辉煌胜利中的重要性，但是他详加阐释的是他认为迄今为止西方人忽略的一个原因："玛雅人和阿兹特克人失去了对交流的掌握。神谕变得不可理解，或者说神已经不言不语了。"① 换句话说，西班牙人在交流符号上战胜了印第安人。

托多罗夫认为，存在两种交流，也就是说两种对话形式，一种是人与人的对话交流，一种是人与世界的对话交流。通过分析印第安人和西班牙人对话语符号的生产和接受，托多罗夫认为两者在交流方式上是大不相同的。

在印第安人的社会中，他们要花大量时间和精力去阐释周而复始的神意、神谕。因为他们认为他们的世界是预先决定的，"一切都是可预见的，可预知的，这个中美洲社会的关键词是：秩序"。② 因此，个人的生命不是由自己决定的，是预先注定的，要服从一直存在的秩序。"个人的未来由集体的过去决定。"在这个社会中，问题不是"做什么"，而是认识论上的"怎么知道的"。因此，他们对"事件的阐释不是根据具体的、个体的、唯一的内容，而是根据既定的、要重建的秩序，根据世界的和谐。"③ 所以，在阿兹特克人的生活中，人与世界的交流"占了统治地位，这种交流方式是由职业的阐释者——祭司，通过征兆、预兆来阐释神迹、自然和社会"。④ 当首领想了解现状的时候，他不是去询问知道内情的人，而是去询问从事与神交流的人——阐释师。具体到这次征服当中，阿兹特克人派出了探子，收集到了很多信息，知道河流、村庄的位置、危险的地带。可这只是与世界的交流，在这种交流中，人是话语的内容、组成部分，却不是话语的接收者。当莫科特祖玛接受到探子得来的信息，他的反应是：不愿与西班牙人交流，他沉默不语。所以，托多罗夫认为，他们在与世界的交流中信息收集得很成功，但在人际交流中却很失败。

在《历史伦理》一书中，托多罗夫分析了一些由墨西哥人写就的关于征服美洲的文本。他发现，这些文本尽管各有侧重，来自美洲当时不同的部落，各有

---

① *Conquête de l'Amérique. La question de l'autre*，Seuil，1982，P82.
② *Conquête de l'Amérique. La question de l'autre*，Seuil，1982，P87.
③ *Conquête de l'Amérique. La question de l'autre*，Seuil，1982，P90.
④ *Conquête de l'Amérique. La question de l'autre*，Seuil，1982，P91.

特点，可是有一个共同点，就是这些叙述无一例外地都以西班牙人会到来的预言开始。尽管预言的形式各有不同，有的是彗星，有的是石柱坍塌，有的是神谕，但是这些不同部落的叙事的共性也是惊人的，因为"西班牙人的到来一直是有预兆的，他们的胜利也被宣称是确定无疑的。"①

托多罗夫分析了这些预言，毫不怀疑它们是被征服之后虚构的，但是为什么要虚构呢？这是因为，阿兹特克人的时间概念是周期性的，而不是线性的，是重复的而不是差异的，是仪式的而不是即兴的。他们明显地拒绝全新的事件、闻所未闻的行动，因为"只会发生被预言过的事情"。② 这就是为什么莫科特祖玛在战争开始的时候面对西班牙人的进攻一直犹豫不决，因为他把西班牙人看成是神的到来，把科特斯看成是传说中的首领盖查尔柯亚脱尔（Quetzalcoatl）重新回来夺取自己的王国。预言这种体验事件的方式正是和印第安人的交流方式相称的。"印第安人不是把这群贪图黄金和权力的人的到来看成是纯粹的人类相遇，而是将其融入到自然的、社会的、超自然的关系网络当中，使这一事件瞬间失去了它的独特性：它在某种程度上被归顺、被吞并到已经存在的信仰秩序当中。"也因此，他们在精神上克服了征服。托多罗夫认为，在这一点上，莫科特祖玛的交流方式和哥伦布很相似，都是注重与世界的交流，轻视与人的交流。在这种交流中，只有作为神的他者，而作为人的他者是不存在的。这也导致了印第安人不了解他者，他们要么因为西班牙人的技术优势而把他们当神，要么因为他们的贪婪而当成非人。

这是从话语的接受来研究的。而从话语符号的生产和接受来看，托多罗夫认为，那时候的阿兹特克人还是没有文字的社会。而缺乏文字是非常重要的一个因素，因为"缺乏文字就不能承担记忆的作用"，那么一个社会的身份就无法确定，就"只能由言语来完成"。③ 因此，他们重视的是"仪式言语，也就是说形式和内容都有规范的言语，被记忆下来、一直引用的言语"；这些言语包括祈祷、宫廷礼节、日常仪式等等，"总是由高雅的语言形成，被认为是传自远古时期，因此文体上仿古。它们的功能是所有无文字社会言语的功能，就是使社会记忆物质化，是律法、标准、价值的总体，要一代代传承，以此保证集体的身份"。④

---

① *Conquête de l'Amérique. La question de l'autre*, Seuil, 1982, P96-97.
② *Morales de l'Histoire*, Grasset, 1991, P56.
③ *Conquête de l'Amérique. La question de l'autre*, Seuil, 1982, P106.
④ *Conquête de l'Amérique. La question de l'autre*, Seuil, 1982, P104.

所以，这些言语的特点就是来自过去，他们说出的言语，就是让现在、此时的事件屈服于过去的时间，对他们来说，时间是重复的，那么对过去的了解通向对未来的了解。托多罗夫认为，"正是仪式的世界和独一无二的事件之间的冲突导致了莫科特祖玛不能生产出合适有效的信息。在仪式话语艺术中的大师，在即兴条件下不能成功，而征服的艺术却正要求即兴发挥。他们的言语重范式轻意群，重编码轻背景，重秩序轻时效，重过去轻现在。"① 可是，西班牙人入侵是一个全新的事件，这种情况要求即兴艺术超过仪式艺术，而阿兹特克人无法生产出有效的言语，所以被征服了。

反观科特斯的交流，与莫科特祖玛完全不同。科特斯信奉的是马基雅维利主义，也就是为达目的不择手段，从这一方面来说，他和哥伦布不同，他是个现代人。他与之前的征服者不同的是，他首先要的是了解，而不是夺取，或者说他的行动分为两步，第一步是了解，第二部是征服和同化。所以，他尽全力去和了解阿兹特克社会的人进行对话交流。他找到了很多翻译，尤其值得一提的是一个叫玛琳茨（Malinche）的阿兹特克女人。通过她，科特斯很快就了解了阿兹特克人的社会、文化、宗教和传说，以及语言符号系统。如果说莫科特祖玛在与人交流当中处于不言不语状态的话，科特斯相反，他要与人对话，他体现出了非凡的理解、言说他者语言的能力，马上利用了印第安人的内讧，利用了盖查尔柯亚脱尔要回来夺取王国的传说，积极把自己装扮成那个首领，以此麻痹了莫科特祖玛，让后者面对自己的进攻采取绥靖政策。所以，托多罗夫认为，科特斯采取的是一种人际交流的模式，"只有在人际交流中，他者才清楚地被认识，——即使没有被尊重。"②

在这种交流中，话语不是由话语的内容所决定，而是由话语的目的所决定；而说出的言语，对科特斯来说，"在忠实反映世界之前，只是一种操纵他者的手段"。③ 他把言语当成对他者进攻的工具，是征服过程当中必不可少的武器，这也就是为什么后人对此写下了这样的话语："语言一直是帝国的伴侣。"④

所以，托多罗夫把西班牙人的胜利归结为人际交流模式对人与世界交流模式的胜利，但是他认为这是一次苦涩的胜利，因为它使西班牙人失去了与世界的和

---

① *Conquête de l'Amérique. La question de l'autre*, Seuil, 1982, P113.
② *Conquête de l'Amérique. La question de l'autre*, Seuil, 1982, P141.
③ *Conquête de l'Amérique. La question de l'autre*, Seuil, 1982, P153-154.
④ *Conquête de l'Amérique. La question de l'autre*, Seuil, 1982, P160.

谐关系：

　　西班牙人赢了战争，他们在人际交流上无疑超过了印第安人。但他们的胜利是值得质疑的，因为不只一种交流形式，不只一种象征活动的范畴。一切行为均有其仪式部分和即兴部分，一切交流也必须兼具范式和意群、编码和语境。人既需要与人交流，同样也需要与世界交流。莫科特祖玛和科特斯的相遇、印第安人和西班牙人的相遇首先是人的相遇，所以毫不奇怪人际交流的专家占了上风。然而这种胜利……同时给了我们与世界和谐相处的能力、归属于一个既定秩序的能力一个沉重的打击，其后果是深深抑制了人与世界的交流，使人产生了一切交流均是人际交流的幻象。诸神的沉默给欧洲人和印第安人带来了重负。欧洲人一方面胜利了，从另一方面来说则失败了：在地球上强加其优越性的同时，他粉碎了自身融入世界的能力。在接下来的世纪里他梦想高贵的野蛮人，而野蛮人不是死了就是被同化了，这个梦想注定是贫瘠的。胜利已经孕育了失败，而科特斯却不知道。①

纵观托多罗夫对科特斯征服美洲这段历史的叙述，我们可以看到，他并不是从传统的历史学或民族学的角度去考察，而是"从对符号学的思考出发，从对象征体系的研究角度，把符号学放在语境和对话框架之中"，去重新拷问这一历史事件。② 在这种研究当中，语言符号问题仍然延续着之前的重要性，和文化、历史、伦理联系在一起，语言符号似乎可以用来解释一切，就像较早时期在写作《他性：地下室手记》时提出过的一样："伦理受虐、主仆逻辑和思想的新地位，全都具有根本的结构，不是心理的结构而是符号的结构，而这也是他性的结构。"③ 所不同的是，在那的他性只是人本质上的自我与他者，而这里，托多罗夫讨论的是地理空间以及延伸出来的社会文化上的自我与他者的他性。托多罗夫在此处仍然用符号学来解释西班牙人和墨西哥人在文化的对话交流上的差异，考察两者面对他者的态度和行动，解释隐藏在其下的他性，以此说明，认识他者离不开符号学，二者是同一的。在这一点上，他和当代哲学家哈贝马斯倒是有共通

---

　　①*Conquête de l'Amérique. La question de l'autre*，Seuil，1982，P126 – 127.

　　②François Dosse，*Histoire du Structuralisme. 2，Le chant du cygne，1967 à nos jours*，La Découverte，1992，P380.

　　③*Poétique de la prose*（choix），suivi de *Nouvelles recherches sur le récit*，Seuil，1971，1978，P156.

之处，后者也是想从人际交流中找到伦理基础。这种研究方式另辟蹊径，令人耳目一新：以往的研究者确实也有不少比较过印第安人和西班牙人的文化，而托多罗夫的贡献就在于将这种文化的比较扩展到了符号和对话交流的范畴，这在当时仍然是一种全新的角度。当然，我们不能不考虑到，写作《征服美洲》一书的时候，托多罗夫正巧同时在撰写《象征理论》、《象征与阐释》，他在分析这段征服历史时很自然地就应用了符号象征理论。时隔几年之后，他再次撰文分析这段历史时，已经从中找不到多少符号学的痕迹了，虽然主题仍然是自我与他者。

在分析了科特斯征服美洲的原因之后，托多罗夫试着分析了西班牙国内各个具有代表性的典型人物对这个历史事件的看法，以此说明他们是如何看待印第安人这个他者的。

在这个问题上，西班牙人通常有两个对立的看法：平等——不平等，也就是说，把印第安人看成与他们平等的人或是不平等的人。而这组对立和另外一组对立概念"等同"——"差异"的对立紧密相连。也就是说，西班牙人要么认为印第安人是极其不同的，和自己是有差异的，而这差异通常导致了两者之间的不平等；要么承认他们之间是平等的，因为他们之间根本没有差异，他们完全是等同的。

西班牙人认为印第安人不能与自己相提并论，认为其低人一等的论据通常有两个理论来源：基督教和亚里士多德。

来自基督教的论据是：耶稣是至高无上的，拥有整个世界，而他将美洲大陆作为采邑送给了他在俗世权力的继承者之一——西班牙人。在这一说法中，印第安人要么自愿归顺，沦为农奴；要么被武力降服，沦为奴隶。另外一种来自基督教的论据声称基督教是代表先进文化的，而印第安人是被代表先进文化的基督的神消灭的，西班牙人是要将其从部落首领的暴政和野蛮落后的法令当中拯救出来。

赛普尔维达从亚里士多德的政治学中汲取论据说明人类社会存在等级而不是平等，在价值观上西班牙人比印第安人优越，而后者天生就是低人一等的奴隶。托多罗夫指出，这种认为西班牙人和印第安人不平等的看法当然不对，它把两者之间存在的差异直接等同为高下之分，对他者没有一个准确的认识。

那么，那些认为西班牙人和印第安人是平等的人又是什么理由呢？持这种看法的人，主要是基督徒，以拉斯·卡萨斯为代表。他们从基督教是一种平等的宗教出发，认为"我们"和"他者"是平等的，并进而推论出所有的人本质上是无差异的。但是对于这一点，托多罗夫质问，这个"平等"的前提是基督教，那么也就是说"基督教是普遍的，已经暗含了所有人是毫无差别的"这一命题在里面，这一命题已经包含了同化主义在内。他尤其举了拉斯·卡萨斯为例，后者是虔诚的教徒，他把印第安人看成是"生活在无知状态中的亚当"，具有基督精神所称赞的美德：简单、爱好和平、谦逊、和善、慷慨等等，其行为是真正的基督徒，具有基督徒的伦理道德。托多罗夫认为，"如果说高人一等的偏见是认识道路上无可置疑的障碍的话，那么平等的偏见的阻拦要更大，因为后者把他者简单地完全地同化为'自我的理想'"。①而拉斯·卡萨斯就是这样的人，他把印第安人看成了他心目中的理想的基督徒，这实际上是一种无意识的同化，他因此看不到彼此之间在社会、文化上的差异，对正确认识印第安人、认识他者是不利的。这种无意识的同化比起那些认为两者不平等的差异化，更为隐蔽，其后果也许更为严重。他使得西班牙人对印第安人的征服从宗教伦理上合法化了，其实质也是一种不平等。

通过解说各个不同代表对待他者的态度，托多罗夫最后提出了一种"他者关系的类型学"，"可以根据三个轴心来定位他性问题"，也就是说看待他者，可以从价值论（axiologie）、人类行为学（praxéologie）和认识论（épistémologie）这三个方面来进行：

第一，价值判断（价值论方面）：他者是好是坏，我爱或不爱……。
第二，（人类行为学方面）靠近或远离他者的行动：我拥抱他者的价值，让自己和他同化；或者将他者同化为我，将我的形象强加于他；在屈服他者和他者屈服之间还有第三条路，就是中立，或者漠不关心。第三，我了解或不了解他者的身份（认识论角度），在这里，了解的高低程度没有绝对，只有不断地升级。②

托多罗夫认为，在看待美洲印第安人这个他者问题上，他笔下的几个历史人物从不同的角度来认识了他者。

在价值方面，拉斯·卡萨斯在晚年时期真正做到了爱印第安人、尊敬印第安人，不是根据自己的理想，而是根据印第安人的理想，也就是说他不再用自己的基督教精神去看待印第安人；这是一种"非统一的爱，或者说中性的爱（amour

---

①*Conquête de l'Amérique. La question de l'autre*, Seuil, 1982, P206-210.
②*Conquête de l'Amérique. La question de l'autre*, Seuil, 1982, P233.

neutre)"。①

在人类行为学方面,托多罗夫认为"在同化他者或与他者同化之间,卡贝扎·得·瓦卡(Cabeza de Vaca)也达到了中点(point neutre)"。② 这是个西班牙人,本来是要去征服美洲,结果因为海难而在印第安人中间生活了很长时间。他所达到的"中点",并不是因为他对两种文化都漠不关心,而是因为他从内部体验了两种文化;所以,只有在他身边的"他们";他没有成为印第安人,也不再完全是西班牙人。托多罗夫认为,卡贝扎·得·瓦卡的经历象征和宣告了现代流亡者的经历,后者是为我们社会所特有的潮流的代表:这种存在者,失去了他们的国家并没有获得另外一个国家,"生活在双重的外在性当中"。③ 毫无疑问,我们在这个人身上可以看到托多罗夫的影子,他也生活在双重的外在性当中。还有像生活在美国的巴勒斯坦人——爱德华·赛义德(Edward Saïd)、生活在土耳其的德国人埃里克·奥尔巴切(Erich Auerbach)、生活在法国的捷克人米兰·昆德拉,都是这样的流亡者代表。他们就像米兰·昆德拉在《无知》中讲述的尤利西斯,他经过二十年的流亡之后返回家乡,发现自己根本不理解自己的同胞了。④ 故乡变成他乡,整个世界对这些流亡者来说都变成了他乡。这些人,没有同化他者,也没有被他者同化,他们变成了第三种人,就是托多罗夫认为的"中点"。

最后,在认识方面,托多罗夫认为杜兰、萨拉昆预告了文化对话的来临,尽管他们并没有真正实现文化对话。在他看来,"文化对话是我们时代的特征,而殖民主义的产物和衰落的象征——人种学正是文化对话的体现。"⑤ 这样的对话,"是没人有最后发言权的对话,任何一个声音都不会沦为只成为客体的他者,在对话中人们都从外在于他者中得益。"⑥ 杜兰和萨拉昆相同之处在于,他们具有一种新的外位性(exotopie),他们承认他者的外在性,同时也承认他者的主体地位。

如果要用一句话总结托多罗夫对他者的态度,那么就是"在平等中体验差

---

① *Conquête de l'Amérique. La question de l'autre*, Seuil, 1982, P310.
② *Conquête de l'Amérique. La question de l'autre*, Seuil, 1982, P310.
③ *Conquête de l'Amérique. La question de l'autre*, Seuil, 1982, P310.
④ 米兰·昆德拉:《无知》,许钧译,上海:上海译文出版社,2004年,第34-36页。
⑤ *Conquête de l'Amérique. La question de l'autre*, Seuil, 1982, P311.
⑥ *Conquête de l'Amérique. La question de l'autre*, Seuil, 1982, P311.

异"。① 即承认他者的不同和差异,但是又承认他者和自我一样具有主体地位,两者之间的差异不是高低的等级的不同,而是平等的,二者之间可以平等地对话。这里的关键是要区分等同(identité)和平等(égalité)。等同是事物的属性,而平等是对事物的价值判断。让自我和他者保持平等不是抹去二者的差异,使二者趋于单调的相同。托多罗夫的这一观点,和海德格尔对同一和等同的精彩区分一脉相承:"等同总是趋于差别的消失,以便每一事物能够归并在一个共同的名称之下。与之相反,同一则是不同东西的共同归属,它需要以差异的方式把不同的东西聚集起来。"海德格尔指出,"只是在差异的实现和定位中,同一的聚集性质才得以显现"。同一"把不同的东西聚集到一种始源性的同一之在(being-at-one)"中,却并不把每一事物纳入到"纯粹一致性的沉闷统一"之中。②

我们也可以在中国的"和而不同"思想中找到这种对待他者、对待差异的智慧。《左传·昭公二十年》里记载晏子答齐景公的一段话,说明了"和"与"同"的差别。在晏子看来,"和"如同烹饪百味,各味相异,然而又"济其不及,以泄其过";如同乐声,音律不同,声调各异,然而又"相成""相济"。而"同",如同烹饪时"以水济水"不能入口,奏乐时"琴瑟之专一"不能入耳。晏子形象的比喻说明了"和"与"同"的不同。《国语·郑语》中更说明了"和"与"同"的后果:"和实生物,同则不继。以他平他谓之和,故能丰长而物归之。若以同裨同,尽乃弃矣。"只有"和"才能"生物",使万物生长延续,而"同"则会使万物灭绝。和而不同,和托多罗夫提出的"在平等中体验差异",异曲同工,东海西海在这里同名理。

托多罗夫从来不擅长抽象的说理和晦涩的术语,他更多地是从具体的、实践的角度去讨论问题。在《历史伦理》一书中,他阐述了更为明确地认识他者的四个阶段,则是更明确的实践指导。

第一个阶段时,只有一种身份,自我的身份:

> 我是文学批评家,我谈论的所有作品只听到一个声音:我的声音。我对远方的文化感兴趣,但在我看来,它们全都是像我的文化一样构造的。我是历史学家,但是我在过去只看到现在的轮廓。③

---

① *Conquête de l'Amérique. La question de l'autre*, Seuil, 1982, P310.
② 转引自张隆溪:《道与逻各斯》,南京:江苏教育出版社,2006年,第8页。
③ *Morales de l'Histoire*, Grasset, 1991, P46–47.

第二个阶段：我为了他者而抹去自我的身份。这时也只有一个身份，就是他者的身份：

> 不管是文学史或是批评家，我乐于让我阅读的作者原原本本地自己说话，毫不增加或删减。①

第三个阶段：我重新担负起自己的身份：

> 我是人种学家，并不想让他者说话，而是在他者和我之间建立对话；我感到自己的范畴和他们的范畴都是相对的。我抛弃那些幻想人们可以抛弃一切成见的成见……。我承认任何阐释都是历史的（或者说种族的）……。二元性（多样性）代替了单一性；我与他者仍然是有区别的。②

第四个阶段：重新认识他者，重新认识自我，这个阶段是无止尽的：

> 通过与他者的互动，我的范畴被改变了，变得对双方、也因此对第三方来说是可谈论的了。我以为失去的普遍性又在别处找到了，不是目的的普遍性，而是计划的普遍性。③

在这四个阶段中，我们可以发现对话的重要性。如果说第一个阶段是惟我型的独白（只有"我"说话），第二个阶段是惟他型的独白（只有"他"说话），那么第三个阶段则是对话了，而第四个阶段毋宁说是对话的后果、对话的继续。只有对话才改变了自我和他者的关系，才使得对自我和他者的认识有了质的飞跃。"只有和他者对话，才能认识他者，才是承认他者是和我并驾齐驱的主体地位"。④ 对话是认识自我和他者的手段，同时也是认识的目的，因为认识是为了行动，而行动就是对话。

## 6.3　思想史中的他者

在完成《征服美洲》一书之后，托多罗夫意犹未尽，仍然想再就他者问题进行探讨。于是，七年之后，他出版了《我们与他者：关于人类多样性的法国思

---

① *Morales de l'Histoire*, Grasset, 1991, P47.
② *Morales de l'Histoire*, Grasset, 1991, P47－48.
③ *Morales de l'Histoire*, Grasset, 1991, P49.
④ *Conquête de l'Amérique. La question de l'autre*, Seuil, 1982, P169.

考》（以下简称《我们与他者》）。如题目所示，这本书仍然是关于多样性的，和《征服美洲》一样是"他者问题"，研究主题是一样的。但是，这一次，托多罗夫不再有特定的他者对象——遥远的美洲他者，面对的不是特定的历史事件，而是法国思想家关于他者的思考，也就是说研究材料变了，"从事件角度转到思考角度"。① 他的研究不再是具体的历史，而是关于历史的思考，是对抽象的观念进行阐释分析。他主要选取了从18世纪到20世纪十几位法国思想家的著作进行研究，对其中孟德斯鸠、卢梭、夏多布里昂、勒南（E. Renan）、勒维-斯特劳斯这几位思想家给予了更多的关注。

在研究方法上，托多罗夫仍然是用对话来进行的。对话，有几个方面的含义。就对话的方式来说，首先，是他所选取的思想家不同思想之间的对照、映射和关联；其次，是思想家与思想家之间的对话，比如，他让卢梭去反驳蒙田、狄德罗，让托克维尔回答郭比诺（Gobineau）等等。最后，托多罗夫自己也充当对话者，和这些思想家进行对话，这是一种质询式的批评（critique interpellative）方式。就对话所隐喻的批评精神上来看，托多罗夫在解读这些思想家的时候，是将这些思想家当成和自己一样的主体，他坚持外位性，并不抹去自己的存在，同时也不将自己的思想强加在他们身上，与他们保持着一种"你""我"的对话关系；他避免自己的独白，也避免思想家的独白，同时也并不和他们针锋相对、口诛笔伐。因此，《我们与他者》是一部"思想的对话史"。②

多样性或者说他性问题是个宏大的命题。如果说他者在《征服美洲》一书中更多的指的是个人的话，那么在《我们与他者》则指的是群体。于是他性问题就体现为不同的文化实体的差异性问题，如何对待这些不同的文化实体的问题，具体来说就是种族、民族、国家、异国情调等问题，或者按托多罗夫来说，都可以归结为整体和个体、普遍性和相对性的问题。

托多罗夫首先把普遍性和相对性分为两个范畴，一是事实上的人类统一性（unité）和多样性（diversité）问题，另一个是价值上的普遍性（universel）和相对性（relatif）问题。

托多罗夫首先从价值观上考察普遍性和相对性问题，认为，在对待他们、对待异文化的问题上，普遍性、普遍主义（universalisme）可以体现为集团中心主

---

① *Nous et les autres. La réflexion française sur la diversité humaine*, Seuil, 1989, P12.
② *Devoirs et Délices. Une vie de passeur*, Seuil, 2002, P193 – 194.

义（ethnocentrisme）和科学中心主义（scientisme）两个方面。

集团中心主义的表现是将其所属社会的特定价值定为普遍的价值。最典型的例子，就是泰纳（Hippolyte Taine）。泰纳在他的《当代法国的起源》（*Origines de la France contemporaine*）中将17、18世纪的"古典精神"仅仅同化为"法国精神"。还有巴斯卡尔（Blaise Pascal）、拉·罗什富科、拉·布律耶尔（La Bruyère）也是如此普遍地描写人类：当巴斯卡尔声称"人是一棵会思考的芦苇"的时候，他所说的"人"总是单数的，但他却将之推及所有的人，推及全人类；拉·罗什富科要向世人描绘"人心"，却不知道这颗"人心"是否在所有地方、任何气候下都是同样的；而拉·布律耶尔则看不到时代的变化，认为"一百年后，世界仍然整体存在，仍然是同样的剧场同样的装饰，只是不再有同样的演员"。① 托多罗夫认为他们没有看到空间、时间的不同，只是将其对单一国家、单一个体、单一时代的认识了解认同为所有国家、所有个体、所有时代的特征。这就是集团中心主义。因此，托多罗夫认为，集团中心主义有两个方面，一面是普遍的意图，另一面却是个体的内容，通常是国家的内容。集团中心主义者总是想通过个体的内容达到普遍的意图，他们的目的是描绘整体的人类，而手段却是描写他们所最了解的个人。

那么，这些集团中心主义者为什么会有这样的观点呢？换句话说，他们是如何论证才得出普遍性的呢？他们的通常做法是"将他们的价值同化为普遍价值"，在具体操作上，"首先从其自身的价值出发定义了绝对价值，然后假装借助这伪装好的绝对价值来判断自己的世界"，得出只有自己的世界最好。② 只不过，在实际中，各个普遍主义者对"绝对价值"的定义因个人而不同，比如巴斯卡尔把法兰西民族的习俗、传统看成绝对价值，而拉·布律耶尔则把法国"纯粹的语言、有伟大追求的服饰、文明的品行、美好的法律"甚至"白色的面孔"当做价值判断③，至于德·热朗多（De Gérando）则把法国哲学所具有的"理性"当成最高准则。

集团中心主义在外部事实上可以表现为种族主义（racialisme）和国家主义（nationalisme）两种。在托多罗夫看来，种族更多的是生理人自然人的集合，而

---

① *Nous et les autres. La réflexion française sur la diversité humaine*, Seuil, 1989, P22.
② *Nous et les autres. La réflexion française sur la diversité humaine*, Seuil, 1989, P25–26.
③ *Nous et les autres. La réflexion française sur la diversité humaine*, Seuil, 1989, P27.

国家则是政治和文化的实体。① 种族主义最突出的代表是勒南，他认为种族不平等，把种族分成雅利安人（Aryens）和闪米特人（Sémites）的对立，并具体地根据肤色把种族划分为三个等级：最低等的是黑人，只能负责耕作土地；中间是黄种人，也就是中国人、日本人、鞑靼人、蒙古人，他们可以是工人，可以发展有限的文明；最高等级的就是白种人，他们将是士兵和老师，只有他们才能奠定世界的文明，体现至高无上的美的特点。② 而国家主义则可分为两种，基于种族建立的国家，托多罗夫称为血族国家，血缘决定一切，生活于其中的是自然人，持这种国家观念的人则和种族主义类似；而现代国家通常是基于契约的国家，生活于其中的是公民，这种意义上的国家主义者重视自己的公民，而轻视外国人。托多罗夫认为，国家主义者和种族主义者一样"对他者有一种仇视的态度"③。国家主义者最突出的代表是巴雷斯（Barrès）。巴雷斯高喊："外国人，就像寄生虫，正在腐蚀我们"；"国家的概念就意味着不平等，这是对外国人不利的不平等，而不是对国民不利的不平等"；"法兰西好客，这是个美丽的字眼，但是先对我们自己好客吧。"④ 巴雷斯的国家主义成为很多殖民战争、奴役的借口和托辞，在这一点上，托多罗夫认为，国家主义是反人道的。

　　普遍主义的另一种代表是科学中心主义，托多罗夫认为这种倾向其实更危险，因为现在人们都不会以某种集团中心主义而自居，而往往会因科学哲学而自豪，科学中心主义实际上是一种更为隐蔽也因此更为危险的普遍主义。托多罗夫举了狄德罗的例子。狄德罗想寻找判断各种文化的绝对的伦理准则，他认为这种绝对的伦理准则建立在永恒的关系上，建立在"自然"之上，伦理与自然之间存在着对等关系，而如何发现自然呢？狄德罗认为，这建立在"对事实的一丝不苟的研究上，也就是科学上"，换句话说，"人的科学也就是自然科学，观察的科学"。⑤ 比方说，当要研究人类的婚姻关系的时候，他建议先去观察动物之间的雌雄关系，然后将人类社会替代进去。托多罗夫认为，狄德罗的做法，是只专注于人的动物性，在将人等同于动物的同时，将人这一主体等同于客体，将人的科学等同于自然科学、动物学。在这里，科学掌握着判断好坏的秘密，或者更确

---

①*Nous et les autres. La réflexion française sur la diversité humaine*，Seuil，1989，P237.
②*Nous et les autres. La réflexion française sur la diversité humaine*，Seuil，1989，P153 – 156.
③*Nous et les autres. La réflexion française sur la diversité humaine*，Seuil，1989，P333.
④*Nous et les autres. La réflexion française sur la diversité humaine*，Seuil，1989，P331.
⑤*Nous et les autres. La réflexion française sur la diversité humaine*，Seuil，1989，P40.

切地说，是自然科学控制着伦理判断的准则。持这种观点的人，不独狄德罗，启蒙时期还有很多法国哲学家发出过相同的呐喊，那时他们受一种历史进步现象的鼓舞，纷纷对科学抱有无限希望。托多罗夫认为，这种科学中心主义发展到极致，就是勒南在《哲学对话》（*Dialogues philosophiques*）中借一个人物之口发出的对未来世界的设想。这个未来世界由最聪明的人也就是哲人以最符合理智的方式统治，在国家的顶峰不是柏拉图的哲学王，而是一些"实证主义的暴君"，他们保护哲人，而那些哲人的作用有三个，就是负责制定制度来取代神话中惩罚犯人的地狱，负责制造没有瑕疵的高级种族，负责制造摧毁对手、保证统治的武器。这种基于科学的"普遍"而造成的个体实际上的不平等差异，在勒南身上体现的极为突出。他的这一"科学"设想在一百多年后被希特勒实施了，他宣称雅利安人种是最优秀的人种，要灭绝其他任何在他眼中不优秀的人种：犹太人、茨冈人、同性恋、精神病人，他制造了武器，用来打击那些他认为的劣等民族。以宣称对自我与对他者都"绝对"、"科学"的"普遍"价值观之名，希特勒走向了对他者的屠杀之实。由此可见，科学主义所掩盖的普遍主义更危险，它不仅抹杀了文化差异，而且排斥了伦理道德。人们只是在信仰缺乏之后才用它来填补行为指导的空白。

由此看来，无论普遍主义者设置了何种绝对价值，无论是从权力、道德、伦理或是科学方面来设置绝对价值，他们其实都是一个无意识的、不自觉的"相对主义者"：或者是通过相对的个体研究得出普遍的意图，通过认识上的原子论（atomisme épistémologique）得出价值的整体论（globalisme axiologique）；或者是通过普遍的假设生发出了相对的现实。他们都没有认识他者，只是通过认识自己最了解的群体（民族、国家、科学等）来推及他者。

与普遍性、普遍主义相对的是相对性、相对主义（relativisme）。[1] 托多罗夫举了蒙田为代表。蒙田以怀疑主义著称，对他者极其的宽容，他认为人们所称的野蛮人只不过是不同于我们文明的文明人而已。因为在他看来，一切存在的法则都有其原因，都是自然而然，整个人类社会的发展如同人的成长一样有童年、青年和老年，国家之间的关系就如同人与人的关系，一切都是自然发生，自然消

---

[1]托多罗夫同时使用 universel、universalisme、relatif、relativisme 几个词，为了以示区别，universel 和 relatif 译为普遍性和相对性，是事实的说明，而 universalisme 和 relativisme 译为普遍主义和相对主义，则带有贬义。

亡,所以,没有任何理由去青睐这种法则、习俗,也没有任何理由去蔑视它们。他把自己看成是世界公民,恰恰因为他对他者的极度宽容,这不是因为他们之间的差异不存在,而是因为他无视这些差异,对这些差异漠不关心。① 这种从普遍宽容出发的极端相对主义表面是对他者的宽容,可是说到底,这是他者根本没有成为蒙田的了解对象,"从来没有被了解过"。② 而且,"相对主义者必然是自相矛盾的,因为他把自己的学说当成绝对的真理,其行为本身就宣告了他的宣告无效。"③

在考察了思想史上关于异种文化形形色色的看法之时,托多罗夫对卢梭和孟德斯鸠的思想给予了特别的关注。卢梭认识他者的计划是这样的:"打破民族偏见的枷锁,学会通过他们的相似和差异来了解人,获得普遍知识,这知识不是某一个世纪、某一个特别国家的知识,而是关于所有时间、所有空间的知识,也就是哲人所说的通用科学(science commune)"。④ 托多罗夫认为,卢梭的计划其实包含了两步。第一步,首先关注每个民族的特异性,去掉民族偏见;第二步是回到人的普遍理念,这普遍理念不是纯粹的形而上思辨,而是吸收整体的经验知识。这是从"人种学"到"哲学"的研究范式。卢梭试图从差异中通过归纳法寻找本质。托多罗夫对卢梭的这种方法大加赞扬,总结道:"'正确'的普遍主义首先不是从某一个原则演绎人类的身份,而是从对个体的深刻认识出发,摸索前进。……而且至少基于两个个体之上,在两者之间建立对话。……普遍性是两个个体的融合视域;也许人们永远不会达到普遍性,但是人们仍然需要假设它的存在,让这些存在的个体更为人理解。"⑤ 托多罗夫这一评价,让我们想起他之前对诗学、叙述学、体裁理论的设想,那也是在各种具体文本阐释的综合归纳上得出,从相对的个体上建立普遍性,从这一点上来看,他一直没有偏离自己最初的理想。

孟德斯鸠则从法律出发寻找另外一种对待他者、对待多样性的解决方法。在《论法的精神》(*De l'esprit des lois*)一书中,孟德斯鸠意图研究人类社会的法律,他观察了很多法律,发现法律中有三个因素:自然法、政府属性、生理和伦理原

---

① *Nous et les autres. La réflexion française sur la diversité humaine*, Seuil, 1989, P65-66.
② *Morales de l'Histoire*, Grasset, 1991, P88.
③ *Nous et les autres. La réflexion française sur la diversité humaine*, Seuil, 1989, P512.
④ *Nous et les autres. La réflexion française sur la diversité humaine*, Seuil, 1989, P33.
⑤ *Nous et les autres. La réflexion française sur la diversité humaine*, Seuil, 1989, P34.

因。这三者有的是普遍的,有的是相对的,他将这三者综合起来,已经是将普遍性和相对性相结合的尝试:"一方面,自然法和政府形式在他看来是相关联的;另一方面,法律中也有每个民族的精神,这是地理条件、经济文化结构和历史互动的结果。对于每个判断,都必须考虑到普遍性和相对性的成分。"① 而其中结合的关键,就是"适度"(modération)。他认为,一个国家体制之所以好,并不必然是因为其是共和的或是君主的抑或是贵族的,而是它必定是适度的。因为权力是一种利益,交付到任何人手中都会导致独裁,只有权力才制约权力,没有制约的权力将会导致专政。"专政是单一权力的国家,而适度则意味着权力的多元共存。"② 反过来说,任何一种分享的、非无限制的权力制度都是温和的。这种适度的原则也推及对他种文化的判断上。适度一词在这里获得了新的意义,类似于"混合"(mixité)。③ 也就是说,孟德斯鸠的普遍性是建立于多样性的"混合"之上。具体到认识他者文化上,他体现了和民族中心主义、科学中心主义等人的不同,他采取的是认识整体论和价值原子论。在认识上,他认为,社会是一个有关联的整体,要从整体上去认识;而在价值判断时,则要将其放在其背景中进行判断:某一个特征不能在与我们社会的类似特征的比较中去寻找意义,而是要与这一特征所在的社会的文化整体关联中去辨别意义,也就是从整体定位这一个小小的特征,他拒绝整体判断。

托多罗夫在梳理了法国思想史上对多样性问题的探讨之后,提出了"温和的人文主义"(humanisme tempéré)这一主张。他首先指出,这种温和的人文主义并非对人类的一个新的普遍性假设,而是借用了列维-斯特劳斯的"作为途径的普遍主义"(universalisme de parcours)这一表达,"并不是关于人的理论的具体内容,而是出于假设为对话者假设的共同视野","是一个分析工具,一个调节原则,可以让差异之间产生丰富的对立,普遍主义的内容并不固定,总是要重新审视"。④ 这种普遍主义看到人总是自由的,人们要看到人类的统一性,也要看到社会的异质性。这种普遍主义既不同于集团中心主义、科学中心主义,也有别于相对主义。后者都是两个多世纪以来在法国关于"我们与他者"的讨论中表现出来的几种主要的态度,都是对他人缺乏了解的体现。

---

① *Morales de l'Histoire*, Grasset, 1991, P94.
② *Nous et les autres. La réflexion française sur la diversité humaine*, Seuil, 1989, P34.
③ *Nous et les autres. La réflexion française sur la diversité humaine*, Seuil, 1989, P34.
④ *Nous et les autres. La réflexion française sur la diversité humaine*, Seuil, 1989, P513.

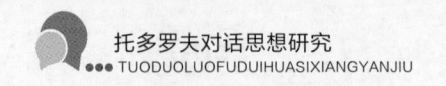

在上述基础上，托多罗夫定义了"温和的人文主义"精神：

　　一种温和的人道主义也许可以确保我们免除过去和现在的积习。让我们斩断那些随意的联系：争取人人平等丝毫不意味着放弃价值的等级；珍惜个人的自主和自由并不迫使我们放弃人与人的一切联系；承认共同道德并非不可避免地后退到宗教迫害的时代；寻求与大自然的接触并不会导致回到茹毛饮血的时代。①

托多罗夫在这里又体现出了对二元对立的价值观的超越。这与他在文学批评领域中倡导的对话批评对二元论的超越具有相同的哲学基础。温和的人文主义强调对人类生活各个方面都应该予以重视，协调不同价值体系之间的关系。而对话是协调的方式，如同之前卢梭说的，在个体之间建立对话关系，以此获得一点普遍价值；对话也是协调的目标，让被协调的个体获得对话的超越，最终达到温和的人文主义。

---

①*Nous et les autres. La réflexion française sur la diversité humaine*, Seuil, 1989, P523.

# 结语 对话之再反思

当我们的研究走到这里,回顾托多罗夫的"对话"生涯,一个问题会冒上心头:将对话范式扩大为一个无所不包、包治百病的万应丹,是否已经是对对话的消解?从辩证法的角度看,任何事物都有其否定的一面,对话也应如此,它难道就真的没有任何缺点,真的是一条必然的、无可取代的道路吗?

瓦尔特·本雅明认为,在人类堕落之前的天堂时代、或是更早的前天堂时代,那时候没有主客体之分,天地浑然一体,上帝的生命弥散在世界万物之中,一切生灵与作为本原的上帝息息相通。而那时候的语言首先是上帝的语言,是单数的大写的道,它代表着世界的整体性,从这一整体中生发出世界万物,万物因此都是道的载体,本雅明称之为"本体的语言"。其次是人的语言,也就是亚当的语言,是上帝创世纪之后,让每种动物走上前来,由亚当命名,受到命名的动物都表现出无比的幸福,表明"名"毫无遗漏地再现了物的本质,而这时亚当的语言,不具有创造性,只是纯认知、纯接受、纯称谓。"在这样的语言秩序中,自然语言向人传达自我,人的语言则通过传达自然语言而向上帝传达自我","语言直接连接着本质,语言一旦命名,就有意义的在场",因此语言与意义、与真理具有一种内在的统一,这种统一就是世界的统一。[①] 在这种秩序当中,人与自然是平等和谐地共处着,他们之间存在着敬畏的关系,然而却又亲密无比,是一种真正意义上的大伦理关系。本雅明所提出的这样的语言,带有神秘主义的意味,也是带有寓言性质的本体论语言观。他用这种创世纪的语言代表人与自然与世界的和谐、完整,它们之间也因为内在的完整和统一而不再需要交流、对话。而这样充满和谐完满的时代,卢卡奇称之为"史诗时代","在那幸福的年代里,星空就是人们能走的和即将要走的路的地图,在星光朗照之下,道路清晰可辨。那时的一切既令人感到新奇,又让人觉得熟悉;既险象环生,却又为他们

---

[①] 郭军、曹雷雨编:《论瓦尔特·本雅明:现代性、寓言和语言的种子》,长春:吉林人民出版社,2003年,第6页。

所掌握。世界虽然广阔无垠，却是他们自己的家园，因为心灵深处燃烧的火焰和头上璀璨之星辰拥有共同的本性。……所以，心灵的每个行动都是富有深意的，在这二元性中也是完满的：对感觉中的意义和对各种感觉而言，它都是完满的；完满是因为心灵行动之时是蛰居不出的；完满是因为心灵的行动在脱离心灵之后，自成一家，并以自己的中心为圆心为自己画了一个封闭的圈。……对于心灵而言，根本就没有什么内部，因为对它来说，既没有外，也没有什么'他者'。……它既不知道自己会迷失自我，也从未想过要去寻找自我。这样的年代就是史诗年代。"① 在这样完满和总体性之中，对话是不需要的，因为对话是孤独异质的人之间、孤独异质的话语之间的交流方式，是"以孤独的人群为首要前提，因为只有这样才有多个声音，才是真正的对话"②，而在那样的同质世界，每个人、每个心灵都是完满的，彼此水乳交融，充满了和谐，不需要我们现在所说的对话交流。

在东方思想中，我们可以找到相似的观点，这来自更为激进的神秘语言观，那就是"无言"、"非言"，不说话。为什么不说话？因为真正的道，不需要言语。庄子说，"天地有大美而不言，四时有明法而不议，万物有成理而不说。"（《庄子·知北游》）天地万物自有其美、其法、其理，然而却并不言说、议论。孔子也声称"予欲无言"，他的论据是："天何言哉？四时行焉，百物生焉，天何言哉？"（《论语·阳货篇》）天让世间万物臻于完善却什么话也不说，而四季运行和万物生长就是在遵循着这无言的自然法则，遵循着至高的道。"天"就像西方的上帝，如同"道"，这种"道"不需要通过言语表达，人与人、人与自然就可以达到和谐的完满。在这样和谐、完满的世界，语言都不需要了，更加不需要交流、对话。所以老子称之为大同之世，庄子称之为至德之世，在这样的时世，"邻国相望，鸡狗之音相闻，民至老死而不相往来"（《庄子·胠箧》）。为何老死不相往来？因为本身就是一个完美的和谐的存在，"天地与我并生，而万物与我为一"（《庄子·齐物论》），天地万物、人与自然不分内外，自然不需要与外在于自身的物往来、交流，达到了一种神秘的静谧之美，达到了真正的道。相反，言语传达的道，并非真正的道。《道德经》里开篇就说，"道可道，非常道；

---

① 卢卡奇：《卢卡奇早期文选》，张亮、吴勇立译，南京：南京大学出版社，2004年，第3-5页。
② 卢卡奇：《卢卡奇早期文选》，张亮、吴勇立译，南京：南京大学出版社，2004年，第20页。

名可名，非常名"。第一、三字"道"为道理之"道"，第二"道"字为道白之"道"，也就是文字语言。关于"名"，仍有争议，一说"名"通"命"，即命名。① 可以言说、可以命名的道，已经不是真正的、恒常的道。这已经说明了古人不相信语言可以传达"道"。所以，老子说，"知者不言，言者不知"（《老子》五十六章）；庄子则谓之"道不可言，言而非也"（《庄子·知北游》）。一旦进行言说，就会着了行迹，使道遁于无形，或者像庄子被逼着说出"道"时，道便"每下愈况"，说道在蝼蚁之中，在稊草之中，在瓦甓之中，在屎尿之中（《庄子·知北游》）。因此，"为学日益，为道日损"（《老子》四十八章）。

然而，无论是本雅明的原初语言、本原语言，还是老庄的"无言"、"非言"，都不再适应如今的历史现状。这在本雅明看来，源于"语言的堕落"，因为"生命之树"的主导地位被"知识之树"取而代之了，原初的宇宙秩序因此被打乱，因为"生命之树"的统治"代表了上帝的纯粹、完整的权威性"，而"知识之树"的统治则意味着判断与抽象的产生，导致了一个以善与恶对立为原型的二元对立的世界，打破了原来的天人合一的本原状态。② 因为语言的堕落，人类被从天堂逐出，"他命中注定要用自己的血汗从土地中获得生计，自然此时变成了技术操作的对象、受折磨的东西，不再是光晕性质的沉思默想的对象，不再是被倾听的哑然的语言，专有名词堕落为巴别塔后的不合适的胡言乱语。"③ 语言和劳动使得人的主体地位得到了确立，但是却使人之外的物体变成了客体，产生了对物的垄断，从此主客体二元对立，一条深渊横亘在人与自然万物之间，横亘在"认识和实践之间、在心灵和创物之间、在自我和世界之间"。④ "人类的堕落因此和主体的缘起是同义词，堕落也是一切错误知识、异化、认识论上的二元论的根源。"⑤ 世界先是堕落到了波德莱尔所说的充满"过渡、短暂、偶然"

---

① 钱锺书：《管锥编》（第二册），北京：中华书局，第 404－408 页。
② 郭军、曹雷雨编：《论瓦尔特·本雅明：现代性、寓言和语言的种子》，长春：吉林人民出版社，2003 年，第 3－4 页。
③ 欧文·沃尔法思：《一个马克思主义者的"创世纪"》，载《论瓦尔特·本雅明：现代性、语言和语言的种子》，郭军、曹雷雨编，长春：吉林人民出版社，2003 年，第 31 页。
④ 卢卡奇：《卢卡奇早期文选》，张亮、吴勇立译，南京：南京大学出版社，2004 年，第 9 页。
⑤ 欧文·沃尔法思：《一个马克思主义者的"创世纪"》，载《论瓦尔特·本雅明：现代性、语言和语言的种子》，郭军、曹雷雨编，长春：吉林人民出版社，2003 年，第 32 页。

的现代性社会,①语言失去了与世界直接沟通的能力,所有的交流都是间接性的,任意的;又堕落至让-弗朗索瓦·利奥塔尔(Jean-François Lyotard)所定义的后现代:"对元叙事的怀疑",怀疑现代性社会所曾经追求过的试图控制、界定和解释世界上所有不同形式的话语活动的普遍指导性原则和神话,语言最终沦为游戏。②

由是观之,对话的出现,并非语言的进步、历史的进化,恰恰相反,对话的产生来自语言的堕落、历史的堕落。它并非生而有之,并非必然,因为在前历史阶段,在神话史诗阶段,曾经存在过不需要对话不必对话的时期:那时的世界处在始源的同一、心灵的和谐和审美的完满当中,处在卢卡奇所说的幸福的"史诗年代",处在老庄所说的"大同之世"、"至德之世";正是语言的堕落和历史的堕落,空洞、同质的时间之门才被打开,世界的同一性、总体性丧失了,变成了异质的碎片,而现代孤独的心灵、孤独的话语则因此诞生,彼此之间横亘着深渊。对话范式正是为解决这种状况而诞生的。

具体到托多罗夫身上,我们可以更加肯定地知道,托多罗夫对对话的钟情,正是基于他对自己的不完整、自己身上的异质碎片、自己的双重属性的深刻认识,以及对同一性、总体性的追求。在他看来,对话正是体验这种普遍同一、和谐完满的不二途径。托多罗夫的对话探索之路,正是一条追求还乡之路,回到始源的同一时代,回到本真的语言,回到心灵完整、万物和谐的幸福年代。

然而,对话是否真的能使其获得同一,达到完满?是否真的使他身上众多的对立矛盾得到了和谐,使其获得了精神的满足、心灵的完满?

仔细考察托多罗夫的学术生涯,我们不得不说的是,作为一个双重属性的人,托多罗夫身上的矛盾对立、他性以及他的研究对象的分裂、差异,似乎并没有因其倡导对话而减少,并没有因对对立的超越意图而弥合分裂。他似乎更多地体现了对话的对立关系,也就是说他一直处于摇摆当中,在二元性的对立当中,他时而倾向这一边,时而靠向另一极。他早期弃文学外部研究而择内部研究,非内容而重结构,无视主体而关注客体,鄙视价值而青睐事实;到了晚期,则又重价值轻事实,厚传统而薄现实。这种类似朝三暮四的行为,决不能说明托多罗夫

---

①波德莱尔:《1846年的沙龙:波德莱尔美学论文选》,郭宏安译,桂林:广西师范大学出版社,2002年,第424页。

②让-弗朗索瓦·利奥塔尔:《后现代状态:关于知识的报告》,车槿山译,北京:生活·读书·新知三联书店,1997年,第2页。

已经在对话中找到了和谐，达到了完满。这究竟是托多罗夫本人的缺陷，还是对话范式本身的缺陷呢？

卢卡奇说，"绝对孤独的人的语言是诗性的、充满抒情的，它是独白的；而在对话中，他的心灵则非常明显地隐匿了姓名，他过多地负载了言语交锋中的明晰和犀利并因此将它们淹没了"。① 也就是说，独白的人是孤独的，而对话尽管是为了解决孤独的问题，可是却因为"言语交锋中的明晰和犀利"使得对话消失了，心灵的孤独就真正成为了问题。对话本是诞生于异质孤独的人和话语之间的关系，这种在心灵的缺陷中生发出来的关系，怎么可以弥补缺陷？它不正是说明了缺陷的不可逆转？托多罗夫之对话，本身为了追求语言的还乡，达到先验的和谐完满，达到加达默尔所说的理解的融合，可是也许最终走向的却是德里达所说的一条不断延异的没有终点的道路？他越是对他者进行认识研究，越是肯定了自我，却越是扩大了自我与他者之间的深渊？他越是追求同一性，追求普遍性，却恰恰说明了同一性和普遍性的缺失，最终沦至相对性的深渊？从这一点上来说，托多罗夫的软肋，并非个人的，而是来自对话的先天性的缺陷。因为对话对异质性的先天性要求，导致了对话无法达到和谐的最终目的。托多罗夫自己也意识到那普遍的同一是一种虚幻，这一点可以从他对诗学的态度显现出来，当他试图通过个别文本阐释和对话来得到总体诗学理论时，他发现自己并不能找到，他所得到的，总是暂时的、碎片的、局部的诗学，于是他从初版的"以自身为目标的诗学"发展到了"作为过渡的诗学"。他不敢生产绝对的普遍，只提倡"作为途径的普遍主义"，这也正是因为他从对话中看不到普遍性的希望。

对话，无法使人真正回到始源的同一的世界，无法达到那寓言中的、乌托邦似的、先验的心灵和谐，无法回到那天堂般的总体世界，也无法得到真正的"道"。于是，托多罗夫为对话找到了世俗的、现实的目标：就是寻求异质对立的人或话语之间的第三条路，达到"中道"（la voie moyenne）。他要从拒绝极端开始，做温和派。"首先，像亚里士多德一样从拒绝极端开始，这就是适度。"② 适度，首先要承认"对立面的接近"（contiguïté des contraires），比如阴阳、男女、日夜等概念，托多罗夫承认它们是对立的，但是也是互补的，所以也不是绝

---

①卢卡奇：《卢卡奇早期文选》，张亮、吴勇立译，南京：南京大学出版社，2004年，第20页。

②*Devoirs et Délices. Une vie de passeur*, Seuil, 2002, P346.

对对立的，做出选择必须根据情境。在笔者看来，这倒有点类似中国"过犹不及"的中庸思想。然而，将一切对立差异的事物，钝化成模糊的中（le centre mou），是否是另一种独断？另一种极端？一种排斥与其相异事物的极端？这样，最终的目的不是与托多罗夫避免极端的出发点相反？而且，如何才能保持一种恒定不变的适度、中道？这是不是一种天真的理想主义？笔者对托多罗夫为对话设置的世俗目标也感到怀疑。不仅仅是对托多罗夫关于对话的世俗目标感到怀疑，笔者对任何提出虚幻的对话目标的种种设想都感到怀疑，觉得虚幻：比如程抱一的中西文化第三元思想。这种怀疑，也许来自那种天地万物息息相通、水乳交融的家园的最终失去，也许和这个普遍的相对主义时代、虚无主义时代的铁一样的现实相关，因为人们信奉的是不再有一种唯一有效、唯一正确的思想，不再存在一种放之四海而皆准的原则和目的。当然，这无疑也和笔者本身的哲学理论素质相关，因为学识不足和素养欠缺而导致的"近视"、"短视"。

然而，笔者在理论上的怀疑却无法否认一个事实上的肯定：经过对话之后的事物确实与之前单纯的矛盾有所不同，形成了一个新的事物。最典型的例子，就是托多罗夫本身，他是保加利亚人，又是法国人；但是他又不完全是保加利亚人，也不完全是法国人；他成了独特的存在。他的存在正是对话后得到的现实结果。如果托多罗夫从理论的思辨上无法令人信服地说明在矛盾异质的两个极端之间现实的第三条路，他自身的存在体验倒是非常鲜明地说明了这第三条路的存在。所以，笔者对托多罗夫通过对话得出的第三条路的怀疑并不足以动摇对话的重要性，正是对话使得其成为一个"新人"，一个为其所特有的独特存在。

对话作为寻找先验家园、寻找道的手段、途径，最后的结果如何，仍然是个未知数，或者说还未令人信服。但是当今人们对对话的热衷又是从何而来？套句托多罗夫的话："世界的最好制度从来只是最不坏的"，对话也许不是最好的，但现在绝对不是最坏的。① 在笔者看来，人们之所以对对话热衷，这是因为对话所象征的平等交流精神鼓舞了人们，人们对话正是为了达到对话所体现的平等沟通精神，达到对话所体现的互主体性。加达默尔曾说，真正的对话体验中"有一种成为他者的潜在性"，一种"敞开自己，拿自己去冒险"的需要。② 这种真正的对话所体现的对话精神代表了对话者之间平等的互主体关系，体现了对话者的

---

① *Nous et les autres. La réflexion française sur la diversité humaine*, Seuil, 1989, P524.
② 转引自张隆溪：《道与逻各斯》，南京：江苏教育出版社，2006年，第258页。

宽容态度、"拿自己去冒险"的开放胸怀和尊重他人的价值取向。这种对话精神正是人们所希冀达到的，是哈贝马斯所说的现代社会的基石。

　　所以，如果说我们对托多罗夫把对话当做手段所希望达到的终点不甚满意的话，相反，我们对他秉持对话精神去看待事物、看待自己的这一行为深表钦佩。如同巴赫金所说，"致力于理解的人不应该拒绝改变或放弃自己已经形成的观点和立场。发生在理解过程中的争论导致彼此的改变和丰富。"[1] 这种理解是体现了对话精神的真正对话。托多罗夫从未封闭自己，固守一隅，他敢于真诚地向自己昨日的思想宣战，不断在与他人的对话中丰富自己，超越自己，追求真理。这也许才是托多罗夫学术生涯给我们的最大启示。

---

[1] 转引自张隆溪：《道与逻各斯》，南京：江苏教育出版社，2006年，第254页。

# 参考文献

## 1. 直接引用文献

[1] *Analyse structurale du récit. Communication* 8, Communications, 1968; Seuil, 1981.

[2] Bakhtine (Mikhaïl), *Poétique de Dostoïevski*, Seuil, 1970, pour la traduction française et la préface.

[3] Barthes (Roland), *Oeuvres complètes*, tome II, 1962 – 1967: *Sur Racine; Essais critiques; La Tour Eiffel; Eléments de sémiologie; Critique et vérité; Système de la mode*, Seuil, 2002.

[4] Bonnefoy, *Panorama critique de la littérature moderne*, Paris, Belfond, 1980.

[5] Brunel (Pierre), *Critique littéraire*, PUF, «Que sais-je?», n°664, 2001.

[6] Cheng (François), *L'écriture poétique chinoise. Suivi d'une anthologie des poèmes des Tangs*, Seuil, 1997.

[7] Cheng (François), *Le dialogue. Une passion pour la langue française*, Desclée de Brouver, 2002.

[8] Dosse (François), *Histoire du Structuralisme. 1, Le champ du signe*, 1945 – 1966, La Découverte, 1992.

[9] Dosse (François), *Histoire du Structuralisme. 2, Le chant du cygne*, 1967 à nos jours, La Découverte, 1992.

[10] Forest (Philippe), *De Tel Quel à l'Infini. Nouveaux essais*, Cécile Defaut, Nantes, 2006.

[11] Genette (Gérard), *Figure I*, Seuil, 1966.

[12] Genette (Gérard), *Figure III*, Seuil, 1972.

[13] Hagège (Claude), *L'homme de paroles. Contribution linguistique aux sciences humaines*, Fayard, 1985.

[14] Jakobson (Roman), *Essais de linguistique générale. Les fondations du langage*, Minuit, 1963.

[15] Meschonnic (Henri), *Pour la poétique*, Gallimard, 1970.

[16] Tadié (Jean Yves), *Critique littéraire au XX$^e$ siècle*, Belfond, 1987.

[17] Todorov (Tzvetan), *Conquête de l'Amérique. La question de l'autre*, Seuil, 1982.

[18] Todorov (Tzvetan), *Critique de la critique. Un roman d'apprentissage*, Seuil, 1982.

[19] Todorov (Tzvetan), *Devoirs et Délices. Une vie de passeur*, Seuil, 2002.

[20] Todorov (Tzvetan), *Dictionnaire encyclopédique des sciences du langage* (avec O. Ducrot), Seuil, 1972.

[21] Todorov (Tzvetan), *Genres du discours*, Seuil, 1978.

[22] Todorov (Tzvetan), *Introduction à la littérature fantastique*, Seuil, 1970.

[23] Todorov (Tzvetan), «La Chine et nous. La connaissance de soi au moyen des autres», in *Le Monde*, vendredi 27 janvier 1995.

[24] Todorov (Tzvetan), *Littérature en péril*, Flammarion, 2007.

[25] Todorov (Tzvetan), *Littérature et Signification*, Larousse, 1967.

[26] Todorov (Tzvetan), *Mikhaïl Bakhtine le principe dialogique*, Seuil, 1981.

[27] Todorov (Tzvetan), *Morales de l'Histoire*, Grasset, 1991.

[28] Todorov (Tzvetan), *Nous et les autres. La réflexion française sur la diversité humaine*, Seuil, 1989.

[29] Todorov (Tzvetan), *Poétique de la prose* (choix), suivi de *Nouvelles recherches sur le récit*, Seuil, 1971, 1978.

[30] Todorov (Tzvetan), *Poétique de la prose*, Seuil, 1971.

[31] Todorov (Tzvetan), *Poétique. Qu'est-ce que le structuralisme?* Seuil, 1968.

[32] Todorov (Tzvetan), *Symbolisme et Interprétation*, Seuil, 1978.

[33] Todorov (Tzvetan), *Théorie de la littérature. Textes des Formalistes russes*, Seuil, 1965, 2001.

[34] Todorov (Tzvetan), *Théories du symbole*, Seuil, 1977.

[35] Verrier (Jean), *Tzvetan Todorov. Du formalisme russe aux morales de l'histoire*, Bertrand-Lacoste, 1995.

[36] Wellek（René）（avec Austin Warren），*Théorie littéraire*，Seuil，1971，pour la traduction française.

[37] 埃米尔·本维尼斯特. 普通语言学问题（选译本）. 王东亮等译. 北京：生活·读书·新知三联书店，2008

[38] 艾布拉姆斯. 镜与灯：浪漫主义文论与批评传统. 郦稚牛等译. 北京：北京大学出版社，1989

[39] 波德莱尔. 1846年的沙龙：波德莱尔美学论文选. 郭宏安译. 桂林：广西师范大学出版社，2002

[40] 戴维·伯姆. 论对话. 李·尼科编. 王松涛译. 北京：教育科学出版社，2007

[41] 段映红. 作为文学批评家的托多罗夫. 外国文学评论，1997，(4)

[42] 佛克马，易布思. 20世纪文学理论. 上海：生活·读书·新知三联书店. 1988

[43] 郭军，曹雷雨编. 论瓦尔特·本雅明：现代性、寓言和语言的种子. 长春：吉林人民出版社，2003

[44] 海德格尔. 海德格尔选集：上册. 孙周兴选编. 上海：生活·读书·新知三联书店，1996

[45] 海德格尔. 海德格尔选集：下册. 孙周兴选编. 上海：生活·读书·新知三联书店，1996

[46] 何自然主编. 语用三论：关联论·顺应论·模因论. 谢朝群，陈新仁编著. 上海：上海教育出版社，2007

[47] 黑格尔. 精神现象学. 贺麟等译. 北京：商务印书馆，1997

[48] 乐黛云. 中西诗学对话的必要性和可能性. 中国比较文学，1993，(1)

[49] 勒内·韦勒克，奥斯汀·沃伦. 文学理论（修订版）. 刘象愚等译. 南京：江苏教育出版社，2005

[50] 李森. 托多罗夫叙事理论研究. 新疆大学硕士研究生学位论文，2003

[51] 凌建侯. 巴赫金哲学思想与文本分析法. 北京：北京大学出版社，2007

[52] 卢卡奇. 卢卡奇早期文选. 张亮，吴勇立译. 南京：南京大学出版社，2004

[53] 栾栋. 文学他化论——文学的三悖论考察. 学术研究, 2008, (6)

[54] 罗婷. 克里斯特瓦的诗学研究. 北京: 中国社会科学出版社, 2004

[55] 马丁·布伯. 人与人. 张见, 韦海英译. 史雅堂校. 北京: 作家出版社, 1992

[56] 米兰·昆德拉. 无知. 许钧译. 上海: 上海译文出版社, 2004

[57] 诺斯罗普·弗莱. 批评的解剖. 陈慧, 袁宪军等译. 天津: 百花文艺出版社. 2006

[58] 钱锺书. 管锥编. 第二册. 北京: 中华书局, 1996

[59] 钱锺书. 管锥编. 第一册. 北京: 中华书局, 1996

[60] 秦海鹰. 人与文, 话语与文本——克里斯特瓦互文性理论与巴赫金对话理论的联系与区别. 见: 申丹, 秦海鹰主编. 欧美文学论丛 (3). 人民文学出版社, 2003

[61] 让－弗朗索瓦·利奥塔尔. 后现代状态: 关于知识的报告. 车槿山译. 北京: 生活·读书·新知三联书店, 1997

[62] 索绪尔. 普通语言学教程. 高名凯译. 北京: 商务印书馆, 1980

[63] 特伦斯·霍克斯. 结构主义和符号学. 瞿铁鹏译. 上海: 上海译文出版社, 1987

[64] 托多罗夫. 失去家园的人. 许钧, 侯永胜译. 台北: 桂冠图书股份有限公司, 2004

[65] 托多罗夫. 象征理论. 王国卿译. 北京: 商务印书馆, 2004

[66] 王先霈, 王又平主编. 文学理论批评术语汇编. 北京: 高等教育出版社, 2006

[67] 杨矗. 对话诗学. 北京: 人民出版社, 2009

[68] 张隆溪. 道与逻各斯. 南京: 江苏教育出版社, 2006

[69] 赵一凡等主编. 西方文论关键词. 北京: 外语教学与研究出版社, 2006

[70] 周宪. 超越文学——文学的文化哲学思考. 上海: 生活·读书·新知三联书店, 1997

[71] 朱立元. 超越二元对立的思维方式——关于新世纪文艺学、美学研究突破之徒的思考. 文艺理论研究, 2002, (2)

[72] 朱立元. 当代西方文艺理论. 第2版增补本. 上海: 华东师范大学出版社, 2005

## 2. 参考文献

[73] Bakhtine (Mikhaïl), *Esthétique et théorie du roman*, Gallimard, 1978, pour la traduction française.

[74] Barthes (Roland), *Oeuvres complètes*, tome I, 1942 – 1961: *Degré zéro de l'écriture; Michelet; Mythologie*, Seuil, 2002.

[75] Barthes (Roland), *Oeuvres complètes*, tome III, 1968 – 1971: *S/Z; L' Empire des signes; Sade, Fourrier, Loyola*, Seuil, 2002.

[76] Barthes (Roland), *Oeuvres complètes*, tome IV, 1972 – 1976: *Nouveaux Essais critiques; Le plaisir du texte; Roland Barthes par Roland Barthes*, Seuil, 2002.

[77] Barthes (Roland), *Oeuvres complètes*, tome V, 1977 – 1980: *Fragments d' un discours amoureux; Leçon; Sollers écrivain; La Chambre claire*, Seuil, 2002.

[78] Bédarida (Catherine), «Edward Said, intellectuel marqué par l'exil», in *Le Monde*, mardi 28 septembre 2004.

[79] Christian (Delacampagne), «Visages de Todorov», in *Le Monde*, vendredi 30 août 2002.

[80] D'Ormesson (Jean), «Todorov: horreur du mal, ambiguïté du bien», in *Figaro littéraire*, jeudi 21 décembre 2000.

[81] Eco (Umberto), *Oeuvre ouverte*, Bompiani, Milan, 1962; Seuil, 1965, pour la traduction française.

[82] Fauconnier (Bernard), «Une traversée du mal», in *Magazine littéraire*, n° 394, janvier 2001.

[83] Forest (Philippe), *De Tel Quel à l'Infini. Nouveaux essais*, Cécile Defaut, Nantes, 2006.

[84] Frye (Northrop), *Le Grand Code*, préface de Tzvetan Todorov, Seuil, 1984, pour la traduction française.

[85] Genette (Gérard), *Figure II*, Seuil, 1969.

[86] Goldmann (Lucien), *Pour une sociologie du roman*, Gallimard, 1964.

[87] Héritier (Françoise), «Un avenir pour le structuralisme», in *Cahiers de l'Herne*, n°82, *Lévi – Strauss*, Herne, 2004.

[88] Jakobson ( Roman ), *Huit questions de poétique*, Seuil, 1977.

[89] Jakobson ( Roman ), *Questions de poétique*, Seuil, 1973.

[90] Jauss ( Hans Robert ), *Pour une esthétique de la réception*, Gallimard, 1978, pour la traduction française et la préface.

[91] Kristeva ( Julia ), *Etrangers à nous – mêmes*, Fayard, 1988.

[92] Kristeva ( Julia ), *Révolte intime. Pouvoirs et limites de la psychanalyse II*, Fayard, 1997.

[93] Kristeva ( Julia ), *Sens et non-sens de la révolte. Pouvoirs et limites de la psychanalyse I*, Fayard, 1996.

[94] Levinas ( Emmanuel ), *Autrement qu' être ou au-delà de l'essence*, Martinus Nijhoff, 1978.

[95] Meschonnic ( Henri ), *Etats de la poétique*, PUF, 1985.

[96] Nicole ( Lapierre ), «L' homme moral», in *Le Monde*, vendredi 15 mars 1991.

[97] Nicole ( Lapierre ), «Le besoin des autres», in *Le Monde*, vendredi 7 avril 1995.

[98] Pageaux ( Daniel-Henri ), *Littérature générale et comparée*, Armand Colin, 1994.

[99] *Poétique, revue de théorie et d' analyses littéraires*, 38, avril 1979.

[100] Pol ( Droit Roger ), «Vingtième siècle, rideau», in *Le Monde*, vendredi 22 décembre 2000.

[101] Propp ( Vladimir ), *Morphologie du conte*, Seuil, 1965, 1970.

[102] Ricoeur ( Paul ), *Du texte à l'action. Essai d' herméneutique II*, Seuil, 1986.

[103] Ricoeur ( Paul ), *Soi-même comme un autre*, Seuil, 1990.

[104] Thomas ( Ferenczi ), «Les antinomies de Tzvetan Todorov», in *Le Monde*, vendredi 3 février 1989.

[105] Zhenhua ( Xu ) ( avec Huang Jianhua ), *Raison et déraison, principaux courants de la littérature française du XX$^e$ siècle*, FLTRP, Pékin, 2000.

[106] 伽达默尔等. 德法之争：伽达默尔与德里达的对话. 孙周兴, 孙善春编译. 上海：同济大学出版社, 2004

[107] 哈贝马斯. 交往行为理论. 曹卫东译. 上海：上海人民出版社, 2004

[108] 霍埃. 批评的循环. 兰金仁译. 沈阳：辽宁人民出版社, 1987

［109］乐黛云，张辉主编．文化传递与文学形象．北京：北京大学出版社，1999

［110］梁宗岱．诗与真．北京：中央编译出版社，2006

［111］马丁·布伯．我与你．陈维纲译．北京：生活·读书·新知三联书店，1986

［112］普鲁斯特．驳圣伯夫．王道乾译．上海：上海译文出版社，2007

［113］钱中文．文学理论：走向交往对话的时代．北京：北京大学出版社，1999

［114］萨义德．文化与帝国主义．李琨译．北京：生活·读书·新知三联书店，2003

［115］史蒂文·康纳．后现代文化：当代理论导引．严忠志译．北京：商务印书馆，2002

［116］托马斯·库恩．科学革命的结构．金吾伦，胡新和译．北京：北京大学出版社，2003

［117］王瑾．互文性．桂林：广西师范大学出版社，2005

［118］徐真华，黄建华．文学与哲学的双重品格：20世纪法国文学回顾．上海：上海外语教育出版社，2008

［119］杨乃乔主编．比较文学概论．北京：北京大学出版社，2002

# 致 谢

没有想到我会在一个如此戏剧性的场景下，写下我的中文致谢词：雷电交加的深夜，第二天就要交论文稿了，我正在心里想着千万不要一个雷电把我的电脑给打坏，让我辛辛苦苦修改的稿子化为乌有。忽然一声响雷，眼前一黑，就什么都没有了。那一刻，心停了半拍，真怕心里的念头变成现实。连忙摸着黑想去找点什么照明的来，又恨家里居然没有一个手电筒，想了一会，忽然想起手机还可以闪出点光来，于是，借着手机的那点光，找到了多时不用放在角落里的笔记本电脑的备用电池，装上，按下电源，太好了，还可以用！于是借着电池里仅剩的一点电写下这点感言。

导师徐真华是我见过的最和蔼可亲的人，当我在课堂上大放厥词的时候，他总是微笑着聆听。他是个无比宽容的长者，给了我无比的自由，能够容纳我的不羁，让我在自己的画布上随心所欲地涂抹。他就像我在这个雷电交加的黑夜中要寻找的一点光源，能给我指明方向，让我觉得温暖，让我有信心在人前继续献丑下去。

而栾栋老师是另一种风格的老师。他的学识高山仰止，景行仰止，他对我的影响潜移默化，信口拈来的诗句会让我徘徊低回好久。当然他在课堂上的理论，我也是时常隔好久之后才会有恍然大悟之感。没办法，"僧以手指月，众人但见指而不见月"，我肯定就是那只见到指头的凡夫俗女。

还有郑立华老师、蔡小红老师、陈穗湘老师，他们谦逊、和蔼的风度以及犀利的见识，都是我在别处难得见到的。与他们的相识，也许可以说明为什么我将博士读了五年：因为工作繁忙，除了求学第一年经常见面，之后就很少回校，我心里一直觉得很遗憾，没能有更多的时间去聆听他们的教诲。延长学期，其实也许是心底里下意识地想与我心里敬佩的这些老师呆得更长久一些吧。

作为一个追求完美的天秤座，我想我的这篇论文是我求学以来最不完美的一个作品，偏偏我还得要把它拿出来给大家看，这种心情，可能和做母亲的人看到别人批评自己的孩子不乖的时候一样，既尴尬、无地自容又无可奈何。感谢这些老师对我的"不乖"之作给予了无限的耐心和包容。

邹琰
于 2010 年 5 月 7 日星期五凌晨三点

# 附录  茨维坦·托多罗夫访谈[①]

Quelques questions posées à Monsieur Tzvetan Todorov

**1.** *Monsieur Todorov, vous êtes très célèbre en tant que savant, critique littéraire, et maître à penser en France et en Europe. Je suis très content d'avoir la chance de vous rencontrer et faire un dialogue avec vous. Vous vous engagez dans un chemin de recherches en dépaysement dès votre arrivée en France en 1963. Ce qui intéresse le plus les lecteurs chinois, c'est vos fruits de recherches et votre expérience fabuleuse comme un français naturalisé. Bien que vous ayez déjà présenté beaucoup d'informations sur cet aspect dans votre livre* Devoirs et Délices. Une vie de passeur, *nos lecteurs chinois en connaissent très peu. Notre conversation pourrait donc commencer par ceci : pourriez-vous nous parler de votre expérience un peu particulière, nous présenter votre vie : voyage-recherche-réussite ?*

Comme pour beaucoup d'autres chercheurs ou scientifiques, ma vie ne présente un intérêt, si elle le fait, que dans sa phase initiale, avant que je ne commence à exercer régulièrement la profession qui est la mienne. Je suis né à Sofia, en Bulgarie, ce petit pays du Sud-Est de l'Europe, en 1939, dans une famille de gens du livre : mes deux parents avaient fait des études universitaires de lettres et avaient exercé la profession de bibliothécaire. Après la fin de la Deuxième Guerre mondiale, mon père est devenu, pendant quelques années, directeur de la Bibliothèque nationale, ensuite professeur

---

①此文为2006年托多罗夫来华讲学前期,由笔者与南京大学钱林森教授拟定的访问稿,托多罗夫所做的回答。后经笔者翻译,以《责任与乐趣:我的漂泊和探索的历程——兹维坦·托多罗夫专访》为题,发表于《跨文化对话》第23辑,乐黛云、钱林森主编,南京:江苏人民出版社,2008年,第175-190页。正式译稿加入了笔者从《历史伦理》一书中编译的关于知识分子作用的一部分文章,以及托多罗夫关于人道主义的另一篇稿子。

d'université. J'ai fait moi-même des études de lettres (de philologie slave) à l'Université de Sofia, entre 1956 et 1961.

Après avoir terminé ces études, j'ai travaillé pendant un an comme professeur au lycée, ensuite j'ai obtenu une bourse pour poursuivre mes recherches. Les Bulgares de ma génération étaient assez ouverts aux langues étrangères et aussi attirés par les pays étrangers, en particulier d'Europe de l'Ouest. Lorsque l'occasion s'est présentée pour moi de partir pour un an à l'étranger, j'ai été immédiatement enthousiasmé. Cette occasion était purement familiale : une sœur de mon père habitait au Canada et elle s'est proposée pour aider les enfants de ses parents à poursuivre leurs études. J'ai opté pour Paris et la France : c'était là que, à mes yeux, se situait le centre de la vie artistique et littéraire qui m'attirait. Sortir de Bulgarie n'était pas simple à l'époque, le régime communiste n'attribuait les visas qu'avec parcimonie. Mais j'y suis parvenu, et je me suis trouvé à Paris en 1963, à l'âge de 24 ans.

J'ai mis un certain temps avant de m'orienter dans le système scolaire français, j'ai passé une grande partie du temps en bibliothèque à lire des livres que je ne pouvais trouver en Bulgarie. On m'a conseillé aussi de m'approcher d'un professeur qui pouvait m'intéresser, il s'appelait Roland Barthes (j'ignorais son nom à l'époque). Barthes était un homme accueillant et brillant, il m'a aidé et encouragé. A la fin de cette première année, je me suis inscrit à un doctorat avec lui, j'ai donc décidé de rester deux ans de plus. Mais à la fin de la troisième année j'étais tellement intégré dans la vie française qu'il n'était plus question pour moi de revenir en Bulgarie: j'ai choisi de rester en France. En 1967, alors que j'avais publié une traduction des Formalistes ruses et un premier livre issu de ma thèse, j'ai été invité à enseigner pendant un an à l'université de Yale, aux Etats-Unis. A mon retour, je suis entré au Centre national de la recherche scientifique (CNRS), qui ressemble à l'Académie des sciences en URSS ou en Chine, et c'est là que s'est déroulée toute ma carrière professionnelle. Entre temps, en 1973, j'ai obtenu la nationalité française.

La suite de ma vie ne présente pas grand intérêt sur le plan des évènements. J'ai enseigné assez peu, je me suis consacré de plus en plus à l'écriture des livres, qui est une activité solitaire, menée en bibliothèque ou à la maison. Je me suis marié, j'ai eu trois enfants : ces relations ont beaucoup compté pour moi, et comptent toujours. J'ai voyagé dans plusieurs pays pour donner des conférences ou participer à des rencontres.

Je suis venu une première fois en Extrême-Orient en 1985 (Taiwan et Hong Kong), ensuite en 1990 (Corée du Sud et Japon), et je viens de visiter la Chine, j'y ai passé dix jours en octobre 2007.

*2. Dans les années soixante du siècle passé, le Structuralisme français est en apogée. Vous êtes entré dans ce mouvement au commencement de vos activités intellectuelles en France. Est-ce la nécessité de l'époque ? ou un hasard ? D'après ce que nous savons, vous êtes connu par la rédaction et la présentation du livre* Théorie de la littérature. Textes des Formalistes russes. *Vous avez évoqué plus tard, dans* Critique de la critique. Un roman d'apprentissage, *le développement de vos attitudes envers le formalisme russe: de l'admiration, en passant par les recherches scientifiques, à la définition dans l'histoire. Le temps passe, avez-vous de nouvelles réflexions là-dessus ? D'après vous, aujourd'hui, quelles idées utiles devez-nous tirer des recherches formalistes ?*

*Vos oeuvres et votre renommée ne sont pas très inconnus en Chine. Dans l'horizon de réception du monde intellectuel chinois, vous êtes d'abord un théoricien littéraire, ou un essayiste. La traduction chinoise des vos ouvrages* Mikhaïl Bakhtine le principe dialogique, *et* Critique de la critique. Un roman d'apprentissage *a soulevé de l'enthousiasme et éveille de résonances profondes en Chine. Surtout celui-ci est traduit pour la première fois dans les années quatre-vingts et classé dans le «Répertoire des articles académiques occidentaux contemporains», et retraduit en 2003. Son traducteur, WANG Dongliang a cru que* Critique de la critique. Un roman d'apprentissage *est votre meilleur livre. Il a dit dans le postface : «Ce livre raconte le changement et le développement de Todorov, et comment il est, d'un théoricien bulgare, devenu formaliste, structuraliste, et à la fin précepteur du dialogue. » Cette énonciation est le point commun des récepteurs chinois.*

*En 2007, vous avez publié* La littérature en péril, *où, contrairement à vos préconisations des années soixante, vous croyez que l'analyse formelle est au détriment du sens et que la critique littéraire est le coupable de la littérature en danger. Quelle est la raison que vous avez des changements si grands ? Quelles sont vos suggestions pour la critique littéraire actuellement ?*

La littérature était le premier objet que j'ai voulu approcher. J'étais attiré vers une étude des formes littéraires, du style, des figures rhétoriques, des procédés narratifs, sans doute en partie parce que cela me permettait d'échapper à un encadrement idéologique trop strict, mais aussi parce que j'ai toujours été curieux d'apprendre «comment les choses sont faites». En arrivant en France, je me suis rendu compte que ce genre d'études n'avait pas été poussé loin, j'ai donc eu envie de mieux faire connaître aux français ce qu'on faisait dans d'autres pays. Cela a commencé par des traductions des Formalistes russes ; plus tard, quand je dirigeais avec Gérard Genette la collection de livres «Poétique», j'ai fait traduire en français d'autres ouvrages, à partir de l'anglais ou de l'allemand, deux langues que je pouvais lire. Cette forme de dialogue entre les cultures m'a toujours intéressé, peut-être parce que j'étais moi-même placé entre deux traditions, l'une slave, l'autre française. N'étant pas français, je ne voyais pas pourquoi me limiter à cette culture-là, à l'exception de toutes les autres. Pour la même raison, je me suis intéressé, mais de manière beaucoup moins approfondie, aux traditions arabe, indienne, chinoise.

Ce type d'étude des formes littéraires s'est trouvé inscrit dans le cadre de ce qu'on a appelé le structuralisme. Celui-ci était d'abord une orientation des études linguistiques, incarnnée notamment par Roman Jakobson, un Russe lié au groupe des Formalistes, mais qui avait vécu en Tchécoslovaquie, puis aux Etats-Unis : un personnage généreux, débordant d'idées, que j'ai rencontré à l'occasion de ma traduction de *Théorie de la littérature*. Sa manière de penser les faits culturels avait été transposée en anthropologie par Claude Lévi-Strauss, qui était alors très admiré. Il manquait, en quelque sorte, un volet littéraire à ce mouvement ; ce sont les recherches de Barthes, de Genette et les miennes qui l'ont incarné, dans un premier temps.

Après avoir vécu en France pendant une douzaine d'années, je commençais à me sentir un peu à l'étroit dans le cadre de ces études. Pourquoi s'en tenir aux seules formes littéraires, alors que les œuvres apportaient aussi des pensées, des expériences, des passions ? Et d'ailleurs pourquoi s'en tenir à la seule littérature, quand on sait que, au cours des siècles passés, ses frontières ont été mouvantes et qu'elle a communiqué avec la philosophie, l'histoire, la politique, les écrits intimes ? L'étude de Bakhtine m'a permis d'élargir le champ de mes intérêts. Bakhtine partageait avec les Formalistes le souci pour l'analyse détaillée de la matière verbale mais il avait été critique à leur égard: il savait aussi révéler la pensée derrière les formes. De plus, son anthropologie suscitait un fort écho en moi : je reconnaissais dans ses idées ma propre expérience. Je voyais l'être humain comme étant nécessairement pris dans un échange, une communication, un dialogue. Le livre que je lui ai consacré a marqué un tournant pour moi, et dans les années qui ont suivi j'ai un peu délaissé les questions générales de théorie littéraire, tout en continuant de lire et commenter les textes.

J'y suis revenu pourtant dans mon dernier petit livre, *La littérature en péril*, paru en 2007. Il est né de l'observation d'une dérive dans l'enseignement littéraire à l'école. Je me suis aperçu qu'on y enseignait de plus en plus les méthodes et les concepts, et de moins en moins les textes eux-mêmes. Or si la littérature compte, c'est parce que les grands poètes et romanciers ont su révéler des facettes inconnues de l'expérience humaine, non parce que les théoriciens ont isolé tel ou tel concept. L'instrument d'analyse s'était subrepticement mis à la place de son objet, les études littéraires ne portaient plus que sur les études littéraires ! En m'interrogeant sur les raisons de cette dérive, je me suis rendu compte qu'elle provenait, entre autres, d'une conception trop étroite de l'œuvre littéraire, qui la coupait du monde environnant et la considérait comme un objet enfermé en lui-même. Pourtant, la littérature est pensée de l'homme et du monde, autrement elle ne serait qu'un jouet inutile-à cet égard, elle est la première «science humaine». Ignorer cette dimension de la littérature, c'est la mutiler. Il ne s'agit donc pas de renoncer aux acquis de l'analyse structurale des œuvres, mais de les garder à la place qui est la leur, celle d'instruments à côté d'autres instruments, de moyen et non de fin-celle-ci étant le sens des œuvres et, à travers lui, une meilleure compréhension de la condition humaine. La critique littéraire doit s'en servir, mais ne pas s'y limiter, ses ambitions peuvent être bien plus grandes.

**3.** *A relire vos oeuvres, il est facile pour nous de trouver un tournant dans votre parcours académique: dès les années quatre-vingts, vous avez quitté le domaine de la critique littéraire et vous êtes entré dans la sphère des recherches de civilisation, de pensées, et des critiques sociales et politiques. Vous n'êtes pas un homme de science dans la tour d'ivoire, mais un homme d'action qui suivez de près les actualités et la destinée humaine ! Pourquoi vous vous engagez dans un chemin différent de celui de vos anciens compagnons de route ?*

*En s'éloignant de la critique purement littéraire, vous avez publié au fil des années quatre-vingts* La Conquête de l'Amérique. La question de l'autre, Nous et les autres. La réflexion française sur la diversité humaine *et* Morales de l'Histoire. *Dans ces ouvrages, vous avez étudié les problèmes soi et autre, colonialisme et décolonisation, et les échanges culturels. En citant le cas de la conquête de l'Amérique par les Espagnols, vous discutez du colonialisme et de l'anticolonialisme, ce qui ressemble un peu à quelques idées de la théorie post colonialisme. Est-ce que vos réflexions ont rapport avec eux ?*

*Aussi sur ce problème. Vous croyez que le colonialisme et l'anticolonialisme sont poussés par l'intérêt. On y trouve un peu de trace du Marxisme ?*

Le tournant est donc bien réel, même s'il ne constitue pas un reniement : j'ai voulu parler du monde dont parle la littérature, et non seulement de la littérature elle-même. Je suis de plus convaincu qu'on fait avancer la connaissance de l'homme seulement si l'on se met soi-même en question, si l'on nourrit ses réflexions de sa propre expérience. C'est pourquoi, à partir du début des années quatre-vingts, je me suis tourné vers des questions dont l'enjeu me touche personnellement, ainsi la relation entre cultures différentes. Comment réconcilier ces deux évidences : nous appartenons à la même espèce humaine et sentons une communauté de destin avec tout autre personne, en même temps nous appartenons à des sociétés et traditions différentes, au sein desquelles se constituent nos expériences ? Pour répondre à cette question, j'ai emprunté le chemin de l'histoire de la pensée, des textes et des actions. Ainsi, dans *La Conquête de l'Amérique* (1982), j'étudie la rencontre entre Espagnols et Amérindiens du Mexique, au XVI<sup>e</sup> siècle. Dans *Nous et les autres* (1989), j'ai étudié la pensée française sur cette même question, de Montaigne à Lévi-Strauss, avec des sous-thèmes comme le nationalisme, le racisme, le colonialisme ou l'exotisme (on n'est évidemment pas obligé d'être marxiste pour s'intéresser à ces questions). Les essais recueillis dans *Les morales de l'histoire* (1991) s'y rapportent aussi. En ce moment même, je travaille sur un autre livre consacré au même sujet, mais lié à l'actualité politique de ce début du XXI<sup>e</sup> siècle.

Un autre thème qui m'a intéressé pour des raisons existentielles est celui du comportement humain en circonstances extrêmes, et plus particulièrement face aux dictatures et aux désastres de la guerre. Un premier livre, *Face à l'extrême* (1991), était consacré à l'étude du comportement moral dans les camps de concentration, allemands ou russes, à l'époque de la Deuxième Guerre mondiale. J'y suis revenu à l'occasion de quelques études plus spécifiques, ainsi celle d'un épisode de la fin de la guerre en France, dans *Une tragédie française* (1994) ou celle du sauvetage des juifs bulgares, *La fragilité du* bien (1999). Enfin en 2000, j'ai publié une réflexion sur l'histoire politique du XX$^e$ siècle en Europe, intitulée *Mémoire du mal, tentation du bien*.

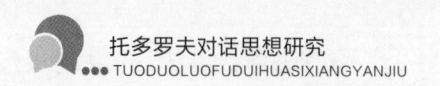

D'autres thèmes m'ont également attiré. Ainsi, j'ai voulu formuler ma propre conception de la vie dialogique des hommes, dans *La vie commune* (1995), c'est en quelque sorte la leçon que j'ai apprise de Bakhtine. Ou encore, examiner le désir de soumettre la conduite de sa vie à des critères esthétiques, de chercher l'absolu dans la création de beauté : tel est le thème des *Aventuriers de l'absolu* (2006), que j'approche à travers l'exemple de trois vies d'artistes, Oscar Wilde, Rainer Maria Rilke et Marina Tsvetaeva.

A cela s'est ajouté le besoin d'examiner la pensée des auteurs qui ont touché aux mêmes thèmes que moi, ainsi de la tradition humaniste française (Montaigne, Montesquieu, Rousseau, Constant), dans *Le jardin imparfait* (1998) ou de la pensée des Lumières, dans *L'esprit des Lumières* (2006). Je retrouve l'histoire de la pensée également en dehors des textes, ainsi dans la peinture, à laquelle j'ai consacré deux livres, l'un sur la découverte de l'individu au XV$^e$ siècle, l'autre sur l'introduction du monde quotidien dans les tableaux, au XVII$^e$(*Eloge de l'individu*, 2000; *Eloge du quotidien*, 1993).

**4.** *En parcourant votre chemin intellectuel, peut-être ce qui nous impressionne le plus, c'est la largeur de l'éventail de vos recherches et la variété des angles de recherche. Comme Professeur Atanassov a dit dans son discours fait sur la 1$^e$ Conférence international Tzvetan Todorov : dans les trente années passés, Todorov est déjà devenu un des maîtres principaux contemporains dans les sciences humaines. Ses domaines de recherches couvrent poétique, narratologie, sémiologie, existentialisme, histoire, anthropologie, ... etc. Si nous voulons chercher une ligne de force dans votre expérience intellectuelle, qu'est-ce que c'est, d'après vous ?*

*Vous dites que vous êtes passeur, et que vous traversez beaucoup de domaines, dont les uns s'opposent aux autres, par exemple universalisme et relativisme, scientisme et humanisme, etc. Est-ce qu'il est facile pour nous de prendre votre position de passeur pour une position de juste milieu ? Vous n'avez pas de position stable et il est plus facile de bouger d'un bout à l'autre bout, et à la fin tomber dans le néant ?*

*Nous avons remarqué que, en tant que critique littéraire, vous êtes devenu de plus en plus modeste, ou bien de moins en moins ambitieux : d'abord, vous étiez très ambitieux, vous avez voulu établir « la poétique » ; petit à petit, le mot « théories » se transforme en « commentaires », « critiques », même « réflexions », « idées ». Pourquoi ce changement ? Est-ce à cause de votre éloignement de la critique purement littéraire ? A vrai dire, en lisant vos livres, nous sommes touchés non seulement par votre esprit de critique, votre sincérité, et votre souci humaniste ; mais aussi par votre mal du pays, votre complexe de dépaysement. Par exemple, à la lecture de* Homme dépaysé, *je me rappelle les expériences de François Cheng et de Milan Kundera. Peut-être vous êtes tous dépaysés. Vous y dites que les hommes dépaysés, ayant perdu l'environnement de vie, les positions sociales et le pays, en souffrent beaucoup au début, car il est plus heureux de vivre avec la famille. Mais ils peuvent profiter de leur expérience. Pour terminer notre entretien, nous revenons à notre première question : quels profits et quelles impressions tirez-vous de cette longue expérience de voyage et de recherches de Sofia à Paris ?*

Aujourd'hui les sciences de l'homme sont séparées les unes des autres, pourtant elles ont le même objet : ce qu'il y a de spécifiquement humain dans l'homme. Habituellement, nous n'avons pas assez de temps pour chercher à voir le monde à travers plusieurs disciplines. Pour ma part, le fait d'enseigner peu, de me consacrer à plein temps à la recherche, m'a permis d'adopter successivement plusieurs perspectives complémentaires. De différents points d'une circonférence on peut s'approcher du même centre d'un cercle.

J'ai choisi pour moi l'image du passeur, qui est liée à mon destin personnel, passant d'un pays à un autre, et qui m'a sans doute poussé aussi à vouloir établir des passerelles entre les disciplines. Au-delà de cette pratique, il y a aussi un choix de fond : je chéris la possibilité de communiquer, la recherche d'une connaissance rationnelle.

Je ne trouve pourtant pas du tout que je n'ai pas de « position stable ». En réalité, quand je relis-ce qui m'arrive rarement-l'un de mes livres de ces vingt-cinq dernières années, depuis *La conquête de l'Amérique*, j'ai l'impression, bien au contraire, de me référer toujours aux mêmes principes, de partir des mêmes postulats. Il ne s'agit nullement d'une position du juste milieu : par exemple, entre scientisme et humanisme, je choisis systématiquement l'humanisme. D'autres oppositions demandent à être surmontées : il faut être simultanément universaliste et relativiste. On peut parler dans certain nombre de cas d'une contiguïté des contraires ( que connaissait bien la pensée chinoise classique).

Je trouve aussi que je suis devenu beaucoup plus ambitieux qu'avant : naguère, je voulais éclairer les questions de théorie littéraire, maintenant je parle de bien et de mal, d'amour et de haine, de démocratie et de totalitarisme, de barbarie et de civilisation.

Le dépaysement a été, pour moi, une expérience bénéfique et heureuse. Je n'ai jamais éprouvé du mal du pays, ni senti aucun «complexe». Les circonstances y sont pour beaucoup, d'autres personnes «dépaysées» ont souffert dans leur chair, les choses ont été relativement faciles pour moi. Le dépaysement est sûrement en grande partie responsable de mes moments de lucidité sur les affaires du monde et les passions des hommes. J'en tire une impression de fragilité et de vulnérabilité des êtres humains, qui se réalisent à leur mieux quand ils peuvent s'ouvrir à l'amour pour d'autres êtres humains.

**5**. *Racontez-nous les impressions du voyage que vous avez fait en Chine en octobre 2007.*

Je suis en effet venu en Chine à cette époque, pour la première fois de ma vie, pendant dix jours ; au cours de voyages précédents, j'avais déjà visité des terres proches: Taïwan, Hong Kong, Corée du Sud, Japon. Dix jours, c'est court, et mes impressions sont forcément superficielles ; je vous les livre donc pour ce qu'elles valent.

Ma première surprise à Pékin a été l'absence de traces du passé : celles-ci sont limitées à de grands monuments visités par les touristes (Cité interdite, Palais d'été), mais la ville elle-même ne garde pas ses strates antérieures. On ne voit que deux styles architecturaux, celui des constructions massives des années 50 – 60, qui rappellent les immeubles soviétiques, et celui de la dernière décennie, le style international (gratte-ciels, immeubles en verre, nouvel Opéra). Comme j'ai insisté, on m'a montré un autre quartier (derrière le temple de la Cloche), effectivement ancien, mais dont on sentait aussi le caractère artificiel : c'était un quartier transformé en musée. A Paris où j'habite, c'est un esprit très différent qui domine, celui d'une conservation presque trop respectueuse du passé. Des bâtiments de toutes les époques se côtoient, certains datent du Moyen age. La maison-très ordinaire-que j'habite est de la fin du XVIII$^e$ siècle. Cette multiplicité et diversité est devenue pour moi une des qualités architecturales de la ville, et je l'apprécie. A Xi'an j'ai retrouvé un peu cet esprit, cette juxtaposition des temps et des styles. La Chine a une histoire millénaire, j'aimerais bien que ses habitants actuels ne s'empressent pas d'effacer les traces du passé qui ont pris la forme de bâtiments.

Pendant mon séjour se terminait le dernier congrès du Parti communiste. Ce qui m'a frappé en regardant les photos des nouveaux membres du Comité central et de ses instances dirigeantes était l'absence quasi-complète de femmes ( une seule ! ). Si l'on part du principe de l'égalité de tous les êtres humains, on a du mal à comprendre ce qui justifie cette exclusion des femmes de la direction politique du pays. En revanche, j'ai apprécié la règle selon laquelle le Président est élu pour une durée limitée, et ne peut être réélu qu'une fois. Je n'aime pas beaucoup les régimes où la même personne garde le pouvoir pendant de longues années, voire jusqu'à sa mort.

Une ressemblance, surprenante pour moi, entre la population européenne et celle de la Chine réside dans leur individualisme. J'ai eu l'impression que, comme en Europe, la plupart des gens ne prennent pas un vif intérêt à la vie publique et politique, mais se soucient avant tout de leur vie matérielle et familiale. Les chemins qui ont conduit à cet état sont sans doute très différents, le résultat final est étrangement semblable.

Je suis persuadé qu'un pays se développe d'autant mieux qu'il entretient des contacts multiples avec le reste du monde. J'avais été frappé par une page de l'histoire de Chine, lorsque, au XV$^e$ siècle, on condamne les voyages par mer, on brûle les cartes qu'on avait établies, on renonce au commerce lointain. Commence alors une longue période de stagnation. J'ai le sentiment que la forte vitalité, facile à sentir aujourd'hui en Chine, est liée à une nouvelle ouverture vers l'extérieur : par l'économie, à partir de 1992; par l'information qui circule sur Internet, dix ans plus tard. Ces acquis me semblent précieux, ils sont à conserver et renforcer.

Dans le monde universitaire que j'ai fréquenté, j'ai eu l'impression d'un certain isolement entre les disciplines : comme j'étais invité par les littéraires, je n'ai rencontré que des littéraires ! Il faut dire que mon propre parcours a été particulièrement diversifié, puisqu'il m'a conduit à l'anthropologie, à l'histoire, à la philosophie morale et politique.

S'il fallait résumer mes impressions par un seul mot, ce serait celui d' «appétit» : la Chine et les Chinois semblent avoir un formidable désir de vivre, et de vivre mieux.